Être maman

Bien vivre la maternité au quotidien

Catalogage avant publication de Bibliothèque et Archives Canada

Girard, Dominique, 1964-
    Être maman : Bien vivre la maternité au quotidien
    Comprend des réf. bibliogr. et un index.
    ISBN-13 : 978-2-89035-390-9
    ISBN-10 : 2-89035-390-7

    1. Nourrissons – Soins. 2. Mères – Santé et hygiène. 3. Allaitement maternel. I. Titre.

RJ61.G53 2006   649'.122   C2006-941243-X

Les Éditions Saint-Martin bénéficient de l'aide de la SODEC pour l'ensemble de leur programme de publication et de promotion.

Les Éditions Saint-Martin sont reconnaissantes de l'aide financière qu'elles reçoivent du gouvernement du Canada qui, par l'entremise de son Programme d'aide au développement de l'industrie de l'édition, soutient l'ensemble de ses activités d'édition.

Montage : DVAG

Dépôt légal : Bibliothèque nationale du Québec, 3ᵉ trimestre 2006

Imprimé au Québec (Canada)

ÉDITIONS
SAINT-MARTIN

© 2006 Les Éditions Saint-Martin inc.
5000, rue Iberville, bureau 203
Montréal (Québec) H2H 2S6
Tél. : 514-529-0920
Téléc. : 514-529-8384
st-martin@qc.aira.com
www.editions-saintmartin.com
Membre de Coopsco

DOMINIQUE GIRARD

Être maman

Bien vivre la maternité au quotidien

ÉDITIONS
SAINT-MARTIN

À Florent et Gérard.

Avertissement

Cet ouvrage contient des informations générales dans les domaines de la santé et de la périnatalité, basées sur des recherches et des entretiens avec des professionnels du milieu. Toutefois, ce guide ne prétend pas répondre aux besoins spécifiques de chacun des lecteurs en matière de santé. Il ne peut remplacer l'évaluation ou le diagnostic d'un professionnel de la santé.

Le guide ne traite pas spécifiquement de la première année de vie des mamans qui viennent d'adopter un enfant, quoique certaines sections peuvent répondre aux besoins de parents d'enfants adoptés. L'adoption dépasse le cadre de cet ouvrage ; il demande un regard et une compréhension spécifiques. Cet ouvrage se veut un outil d'aide général. Il ne doit pas être interprété comme étant une référence scientifique ou technique. Il n'engage ni la responsabilité de l'auteure ni celle de l'éditeur ou de ses représentants. Enfin, les propos des personnes interviewées ne représentent que leurs propres opinions (à titre personnel ou professionnel). Certains noms ont aussi été changés pour des raisons de confidentialité.

Table des matières

Avant-propos

La première année de vie avec bébé est riche et intense. Une année dont on se souvient longtemps ! Source de joie, d'émerveillement, de petits miracles, mais aussi d'épuisement, de doute, voire de découragement. Celui ou celle qu'on a porté jusqu'à sa naissance, niché dans notre utérus, demande maintenant une attention constante de notre part. Lorsque bébé est là, en chair et en os, nous prenons conscience du fait qu'être parent est un processus d'adaptation continuel exigeant, qui durera toute une vie.

Devenir mère est à la fois une histoire personnelle et collective. Chaque nouvelle mère est unique : sa personnalité, son vécu, ses valeurs et ses aspirations profondes établissent les bases de la dyade qu'elle forme avec son bébé. Puis les réalités conjugale, familiale, sociale, économique et culturelle enrichissent cette dynamique au quotidien.

Aujourd'hui, les modèles parentaux sont multiples. Jamais auparavant les femmes n'ont eu autant de possibilités de vivre la maternité à leur manière ; elles peuvent s'affranchir des modèles traditionnels.

D'autre part, comparativement aux générations précédentes, un nombre important de nouvelles mères vivent l'apprentissage de la maternité en solitaire : leur mère et leurs amies occupent souvent un emploi rémunéré sur le marché du travail, ou elles n'habitent pas à proximité.

Malgré un accès quasi illimité à diverses sources d'information visant à les aider dans leur maternage, les nouvelles mamans peuvent être déroutées par des informations parfois si contradictoires ! Effectuer des choix selon leurs besoins devient alors plus difficile.

Ce guide présente les situations courantes qu'une majorité de femmes traversent après la naissance de leur enfant. Ces thématiques sont commentées par des intervenants du milieu, et accompagnées de témoignages, reflétant ainsi divers vécus.

C'est d'abord comme mère que je m'adresse aux autres mères. Je désire partager avec elles des outils, des recherches, et des pistes de réflexion qui m'ont guidée lors de *ma* première année comme nouvelle maman avec mon fils Florent et mon conjoint, Gérard. Grâce à mon implication comme marraine d'allaitement auprès du groupe d'entraide La Mère à Boire, puis auprès de la Maison de la Famille de Brossard où j'ai animé des cafés-rencontres thématiques, ainsi qu'auprès de divers groupes communautaires œuvrant avec les familles, j'ai eu le privilège de côtoyer des mères issues de tous les horizons. Au-delà de ces différences, les femmes vivent souvent les mêmes joies, les mêmes doutes, les mêmes dilemmes au quotidien. De là est né le projet de rédaction du présent livre.

Dès le début, j'ai senti la nécessité d'être honnête face à mon propre vécu et d'en partager certains moments avec les lecteurs. Rester un témoin silencieux, en retrait, aurait tiédi les propos de cet ouvrage. Les photos et les souvenirs de la première année de vie de Florent m'ont accompagnée durant toutes les étapes de la gestation de ce projet : ce fut un réel bonheur.

Je souhaite que le lecteur sera enrichi par la lecture de ce guide et qu'il y retrouvera la générosité de ceux et celles qui n'ont pas hésité à témoigner, à titre professionnel ou individuel.

Dominique Girard

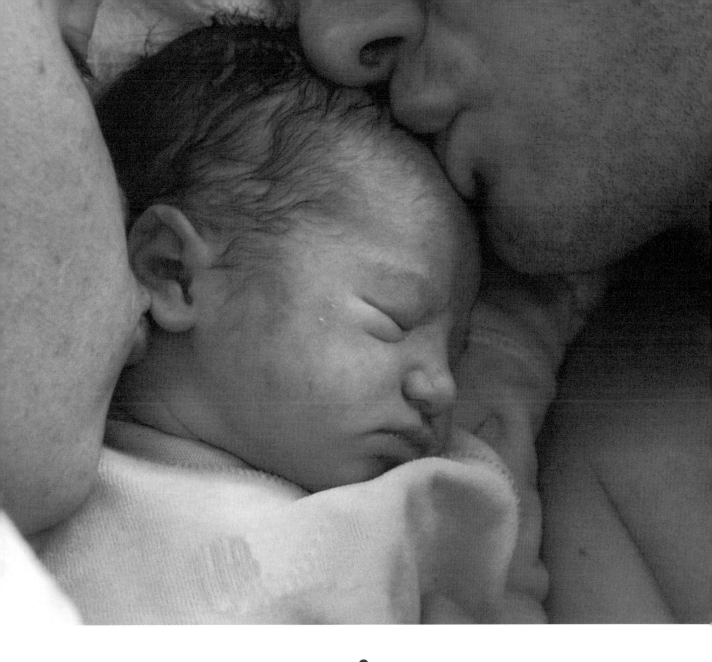

La naissance
d'une famille

Construire des liens avec bébé

Depuis la nuit des temps, dans toutes les civilisations, la rencontre entre la mère et son bébé est un moment privilégié. Enfin regarder, toucher, sentir l'enfant qu'on a porté, qu'on a déjà appris à connaître durant sa gestation, et qu'on a mis au monde!

Malgré la présence accrue de la technologie et les connaissances que nous avons aujourd'hui du processus de développement du fœtus, cet instant unique demeure empreint de mystère. Les parents qui attendaient la naissance du bébé pour connaître son sexe le découvrent avec joie.

On souhaitait peut-être la venue du bébé depuis longtemps, après une série de fausses couches ou d'échecs en clinique de fertilité. Maintenant il est là, avec nous, porteur d'avenir, de rêves.

Même si nous ne le ressentons pas toutes de la même manière ni de façon très nette, nous devenons mère dès le moment où un test de grossesse confirme qu'une minuscule cellule a débuté sa division puis qu'elle s'est implantée dans notre utérus pour devenir un bébé. Déjà, nous modifions notre rythme de vie, nous changeons nos habitudes alimentaires, nous nous transformons sous cette nouvelle responsabilité qui nous incombe : nous assurer que le bébé se développe bien.

Ensuite, à la naissance de l'enfant, nous cheminons vers d'autres étapes de la maternité.

On entend souvent l'expression *rôle de mère*. Mais être mère, est-ce un rôle? Le mot rôle est défini comme «une action, une influence que l'on exerce, une fonction qu'on remplit[2]». Jouer un rôle, à un moment précis, implique l'idée d'exclusion – on ne peut jouer qu'un rôle à la fois – et sous-entend qu'on peut quitter ce rôle. Or, la femme (ou l'homme) est un être indivisible : elle ne passe pas d'un rôle à un autre, comme une actrice. Certes, elle donne la priorité à une facette

Je pense que lorsque l'enfant paraît, qu'il est là et qu'on l'aime, on se débrouille… s'ils [les parents] aiment leur enfant, même avec le métier qu'ils font, ils aimeront le voir grandir, parce qu'on n'a pas un enfant pour avoir un bébé – ou alors, c'est pour jouer à la poupée… C'est un être humain, garçon ou fille, qui grandit, qui leur ouvre des horizons…[1]

Françoise Dolto
médecin psychanalyste
et auteure

d'elle-même à certains moments de sa vie, de sa journée, mais les autres aspects sont en veilleuse, toujours présents. Être mère, c'est *aussi* être une amante, une femme active sur le marché du travail, une meilleure amie, ou la fille de ses parents… Tout cela à la fois. En ce sens, le mot *dimension* m'apparaît davantage approprié pour définir ce qu'est *être mère,* puisqu'un aspect d'une personne n'exclut pas les autres.

Les mères humaines entendent, sentent et pressentent leurs bébés. Cette symbiose mère-bébé est due en partie à la prolactine, l'hormone maternelle par excellence : plus le contact mère-bébé est intense (contact peau à peau, allaitement, sommeil partagé) plus le niveau de prolactine augmente. C'est pourquoi, souvent, la femme se réveille au moindre tressaillement du bébé alors que le papa – qui ne bénéficie pas de l'influence de la prolactine – continue à roupiller.

En effet, chez les humains, comme chez tous les autres mammifères, l'évolution a créé des structures limbiques du cerveau qui nous rendent particulièrement sensibles aux besoins de nos enfants. L'évolution a câblé dans notre cerveau l'instinct qui nous fait répondre à leurs besoins : les nourrir, les tenir au chaud, les caresser, les protéger, leur montrer comment cueillir, comment chasser, comment se défendre. Cet appareillage est à la base de notre profonde capacité à former des liens sociaux, à « entrer en relation » avec les autres[3]. Mais, contrairement aux animaux, le lien d'attachement à nos enfants croît au-delà du sevrage !

Le développement d'un lien d'attachement profond et durable avec notre enfant est proportionnel à notre engagement envers lui. Grâce à l'amour et aux soins de base prodigués au petit, une relation unique se tisse entre lui et nous. Elle durera une vie entière.

Devenir mère, devenir parent, c'est transmettre des valeurs. Le bébé, même s'il ne saisit pas le sens des mots, observe et capte déjà nos attitudes et nos comportements, eux-mêmes porteurs de valeurs. Durant sa première année de vie, le bébé enregistre les menus détails de nos gestes et de nos intonations et il apprend d'eux : le partage ou le chacunpour-soi, l'humour ou la dramatisation, l'ouverture d'esprit ou la peur, la tolérance ou le dogmatisme, la joie ou la tristesse, le stress ou la détente, l'empathie ou l'indifférence… Oui, si tôt dans la vie, rien ne lui échappe. Ce que l'on sème au cours de cette période fleurira dans sa deuxième et sa troisième année de vie, et au-delà.

Cette courte période de notre vie commune, où le nourrisson est encore incapable de s'exprimer par la parole, permet de nous apprivoiser l'un et l'autre par le langage non verbal et le toucher : un lien de confiance se construit déjà. Quel bonheur lorsqu'on sent le courant passer !

À six ou sept mois de gestation, le bébé reconnaissait déjà les intonations de sa langue maternelle et notre voix. Dès sa naissance, c'est la nôtre qu'il préfère et le sécurise. Il assimile déjà des fragments de la langue parlée, mémorise des visages et étudie les mouvements labiaux associés à la parole[4]. Communiquer avec un nouveau-né englobe tous nos sens : la voix, le regard, l'odorat, le goût, le toucher. Le corps, et les mains en particulier, sont un moyen privilégié de transmettre nos émotions et de ressentir celles du bébé. Un toucher aimant et respectueux exige de nous un certain niveau de disponibilité. Il faut d'abord «entrer en soi», une pratique qu'on a parfois mise de côté au fil du temps, ou qu'il faut apprivoiser pour la première fois. Dans notre vie quotidienne, nous avons perdu l'habitude de communiquer par le toucher : il est même souvent perçu comme une intrusion. Craintifs, nous n'osons plus poser spontanément la main sur celle d'une connaissance ni entourer ses épaules. Quelle sera la réaction de l'autre ? Et, pourtant, un contact chaleureux vaut parfois bien des paroles…

Le petit est très sensible au toucher. N'hésitons pas à accompagner nos paroles, notre regard ou notre silence d'un geste tendre. Bébé apprécie le contact peau à peau. Le baigner avec nous, l'allaiter, le garder à nos côtés durant la sieste, le porter dans un sac ventral (il retrouvera les mouvements du corps de la mère qui l'ont bercé durant sa gestation), et le masser sont des sensations sécurisantes pour lui. Ce n'est pas le gâter, loin de là ! C'est nous que nous gâtons, tout en lui procurant la nourriture affective essentielle à sa survie et à son bon développement.

La femme est un cercle en expansion continue, et devenir mère est un cercle supplémentaire qui s'ajoute à ce qu'elle est déjà.

Maryvonne

Porter bébé « en kangourou »

En 1979 dans un hôpital de Bogota, en Colombie, les médecins Rey et Lucez incitèrent les parents de bébés prématurés à porter ceux-ci «en kangourou». Cette initiative avait été mise sur pied afin de répondre aux problèmes causés par le manque d'incubateurs et par les diverses infections dans l'hôpital à cette époque. Les parents ramenaient le bébé au domicile familial, mais portaient le bébé dans un sac ventral. Le bébé passait ainsi toute la journée face au parent et collé contre lui. Il pouvait entendre les battements de cœur, suivre la respiration et les mouvements de sa mère ou son père. On favorisait aussi l'allaitement maternel exclusif. Résultat : ces bébés grandirent aussi bien, voire mieux, que ceux séjournant à l'hôpital…

Le Dr Bergman, un médecin sud-africain, a par la suite initié la pratique du Kangaroo Mother Care (KMC) en 1995 en Afrique du Sud en collaboration avec la sage-femme Agneta Jurisoo. Cinq ans plus tard, le KMC devenait officiellement une pratique courante pour les soins aux prématurés dans les hôpitaux de la province de Western Cape. Le Dr Bergman nota chez ces bébés

Ces deux types d'écharpe permettent au bébé de se reposer confortablement tout en étant bercé par les mouvements du parent qui le porte.

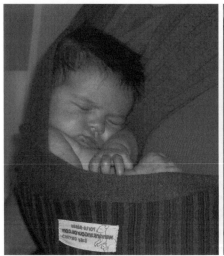

une température corporelle plus élevée, un système immunitaire moins fragile, un moins grand risque d'infection, une meilleure oxygénation, un rythme cardiaque plus élevé, et un allaitement plus réussi dans la plupart des cas[5].

Les bébés nés à terme profitent eux aussi des bienfaits du port «en kangourou». Le porter ainsi, à la maison ou lors d'une promenade, par exemple, est une expérience que je recommande aux nouveaux parents. Les bébés aux besoins accrus (coliques, pleurs fréquents, sommeil difficile) arrivent parfois à mieux dormir et à se détendre lorsqu'ils sont portés ainsi.

Quand l'attachement est difficile...

On parle beaucoup de «l'instinct maternel», comme si nous devions assumer cette nouvelle responsabilité avec aisance. Or, comme pour tout autre événement, la naissance d'un enfant entraîne une période d'adaptation. Parfois, il arrive qu'il soit plus difficile de créer des liens avec bébé dès sa naissance. C'est le cas notamment quand la mère vit une dépression postnatale, quand l'enfant est handicapé ou gravement malade, ou en raison de toutes sortes de circonstances d'ordre économique, familiale, psychologique, etc.

Les doutes et les incertitudes

La maternité est une aventure extraordinaire. Partout où l'on tourne les yeux, nous sommes bombardés par des images de mères souriantes et paisibles, comme s'il était impossible de concevoir une mère attristée ou angoissée. Il est pourtant normal de ressentir certains doutes et inquiétudes. La plupart des femmes sont souvent surprises d'apprendre que d'autres mères connaissent les mêmes angoisses et les mêmes craintes.

Certaines femmes se sentent maladroites et inexpérimentées, elles ont peur d'échapper ou de blesser leur bébé. Cela est tout à fait normal! La meilleure façon de surmonter ces peurs

J'avoue que certains comportements et attitudes des jeunes mamans me surprennent. Elles me semblent plus inquiètes quant à leurs compétences de nouvelle mère. Souvent débordées, elles veulent tout faire, avoir tout ce qui est à la dernière mode et «indispensable» pour leurs petits, tout réussir à la perfection. Je trouve qu'elles s'en font beaucoup. La pression sociale était moins forte et moins omniprésente quand j'étais une jeune maman. Par contre, les jeunes mères d'aujourd'hui peuvent compter sur l'aide de leur conjoint !

Maryvonne

Je constate que les jeunes mères professionnelles ont un grand besoin d'être rassurées. Elles ont l'habitude, dans leur travail, de tout contrôler : l'ordinateur, les horaires, les processus de production, etc. Avec un bébé, ceci leur échappe totalement. Elles doivent apprendre à remettre en question leur façon de faire, être à l'écoute des besoins de l'enfant. Ce n'est pas toujours évident ni facile.

Marie-Claude Richer
coordonnatrice chez Premiers
Pas/Home Start

Quelques exemples des questions que se posent les nouveaux parents :

- Mon bébé fait-il une jaunisse ?

- Mon bébé boit-il suffisamment de lait ? Prend-il assez de poids ?

- Mon bébé respire-t-il ? Va-t-il s'étouffer dans son sommeil ? (Voir la section Syndrome de mort subite du nourrisson, p. 38)

- Mon bébé est-il normal ? Se développe-t-il à un rythme régulier ?

- Mon bébé dort-il trop ou trop peu ?

- Mon bébé pleure-t-il trop ?

- Suis-je un bon parent ?

- Si je réponds rapidement à ses besoins durant ses premiers mois de vie et que j'accours aussitôt qu'il pleure, mon enfant acceptera-t-il la discipline, plus tard dans la vie ? Deviendra-t-il capricieux, incapable d'accepter qu'on lui dise « non » ? Lui donne-t-on de mauvaises habitudes ?

Mon conjoint est asiatique. Et moi, je suis blonde aux yeux bleus. Lorsque mon fils est né, avec ses cheveux noirs et ses yeux bridés, je n'arrivais pas à croire qu'il sortait de moi ! Après quelques semaines, j'ai retrouvé certains de mes traits dans les siens. Le choc initial avait disparu.

Sylvie
maman de Miko

est de tenir et de manipuler le bébé. L'assurance viendra avec l'expérience. D'autres se sentent coupables du fait qu'elles n'éprouvent pas l'amour inconditionnel qu'elles s'attendaient à ressentir les jours suivant la naissance. Parfois, des mères ont l'impression de tenir un étranger dans leurs bras.

Les inquiétudes et les doutes des premiers temps finiront par s'estomper, mais ils seront rapidement remplacés par d'autres. L'important, c'est de se souvenir que nous avons droit à nos émotions, même celles qui peuvent *a priori* sembler négatives. Il existe des groupes de soutien et des lignes d'écoute pour les nouveaux parents auxquels vous pourriez prendre part et qui vous aideraient à comprendre ce que vous vivez... et que vous n'êtes probablement pas seul à vivre avec des incertitudes !

Les bébés prématurés

Une mère dont l'enfant est hospitalisé dès la naissance ressent beaucoup d'inquiétude quant à la survie de son enfant. Encore fragilisée par l'accouchement, la femme vit en plus le stress des visites à l'hôpital, de l'attente, des doutes, et celui de la séparation précoce avec son petit.

Un bébé prématuré (à gauche) et un bébé subissant un traitement de photothérapie pour la jaunisse (à droite).

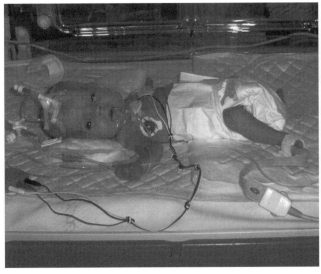 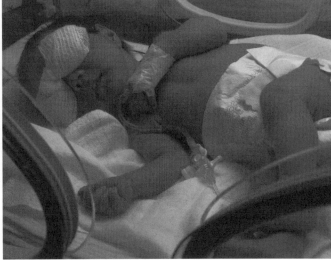

Lors de mon examen de routine à 27 semaines, le médecin a découvert qu'il ne restait presque plus de liquide amniotique, que le bébé était trop petit pour 27 semaines, et que mon placenta ne « travaillait » pas bien du tout. Je suis donc rentrée à l'hôpital immédiatement. Pendant dix jours, on a fait des séances de monitorage et des scans. Comme l'état de mon bébé demeurait précaire, on m'a donné des injections de stéroïdes pour que ses poumons se développent plus rapidement ; ainsi, elle aurait plus de chances de survie. Après dix jours, on a fait une césarienne, car un accouchement par voie vaginale s'avérait beaucoup trop risqué.

Après sa naissance, mon souci majeur était la survie de mon enfant. C'était très difficile car les médecins ne m'encourageaient pas du tout. J'ai réussi à garder le moral avec l'aide de ma famille et de mes amis. Le jour, mon mari, mon père, mes cousins et cousines restaient à la maison. Le soir, ma mère prenait le relais : je n'étais jamais seule. Chris, mon mari, a pu arrêter de travailler pendant un mois pour prendre soin de notre fils Alex, trois ans et demi, et de moi.

Je visitais Patita deux ou trois fois par jour pour une heure et demie. Je ne pouvais pas la toucher, juste la regarder dans l'incubateur. Les soins intensifs pour prématurés sont des endroits très déprimants : il y a plein d'incubateurs dans une même pièce, et la distance entre eux est de deux mètres, alors on peut voir et entendre parfaitement les autres parents et leur bébé, et je n'étais jamais seule avec mon enfant. Une fois, deux bébés sont morts en l'espace de 48 heures… Ça a été très dur pour moi. Malgré mon optimisme, je pleurais parfois sans arrêt en pensant que ce n'était pas juste : pourquoi ma fille ?

Comme j'étais inquiète quant à ses chances de survie, j'ai décidé de tirer mon lait pour l'aider. Il me semblait que c'était la meilleure façon de contribuer à sa survie. À la naissance de mon fils, j'avais abandonné l'allaitement au bout de deux jours. Mais là, j'ai acheté un tire-lait et j'ai essayé : au début, ça ne marchait pas, mais j'étais si déterminée à aider ma fille que j'ai essayé encore et encore. Finalement, un peu de lait est apparu, puis un peu plus, et plus ! Un jour, j'ai été capable de remplir une bouteille ! Juste assez pour ma petite fille. Maintenant, je sens que j'ai contribué à ma façon, que je l'ai aidée. Je me sentais tellement impuissante, je sentais que je devais faire quelque chose.

Patricia

Pour créer des liens, il faut d'abord et avant tout une présence. Pour cela, vous aurez besoin du soutien de votre famille ou amis afin de pouvoir librement passer plusieurs heures à l'hôpital. D'autres moyens de contribuer au bien-être du bébé prématuré sont (lorsque c'est possible) le port en kangourou, l'allaitement et le toucher.

Beaucoup de parents ont de la difficulté à créer des liens avec leur bébé qui se trouve dans un incubateur. Il est quand même possible de s'impliquer dans les soins qui lui sont prodigués et, ainsi, avoir la possibilité de le toucher, de le voir, de lui parler. Dépendamment de l'état de santé de votre bébé, demandez aux infirmières si vous pouvez participer à certaines tâches qu'elles doivent accomplir, comme prendre la température du bébé ou changer sa couche. Obtenez toujours le plus de renseignements possible sur l'état de santé du bébé afin de ne pas vous sentir « étranger » à ce qu'il vit.

L'état précaire du bébé engendrera des sentiments de culpabilité, de tristesse, de colère. Il est aussi important de comprendre que vous ressentirez beaucoup de stress. Ces émotions doivent être ventilées au fur et à mesure qu'elles sont vécues. N'hésitez pas à vous entourer d'oreilles attentives et verbalisez vos craintes et vos questionnements au personnel de l'hôpital, qui sera mieux en mesure de vous guider vers les bonnes ressources.

Les bébés à besoins accrus ou hypersensibles

Certains bébés exigent beaucoup des parents. Il semblerait que ces bébés ont une barrière moins grande face aux stimuli externes, les rendant hypersensibles à leur environnement. Entendre pleurer bébé sans en connaître la cause et, surtout, sans arriver à l'apaiser peut devenir une source de frustration et de découragement pour les parents (voir la section sur le Syndrome du bébé secoué en page 38). La mère se demande pourquoi elle n'arrive pas à satisfaire son enfant, et il n'y a qu'un pas vers la dévalorisation de soi. Si votre bébé pleure sans arrêt, il est important de vous rappeler que vous

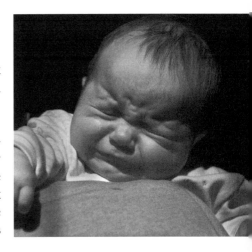

n'êtes pas responsable de ses pleurs et que votre bébé peut être en santé tout en pleurant beaucoup. Parfois le bébé pleure tout simplement parce qu'il a besoin d'exprimer un vécu difficile, par exemple un traumatisme prénatal ou postnatal. Il faut alors l'écouter, sans chercher à lui « couper la parole » en offrant un objet de remplacement (suce, tétée, doudou, musique, etc.) qui, certes, apportera du répit aux parents mais pourrait, utilisé trop souvent, créer des *automatismes de contrôle* chez le bébé, se répercutant plus tard dans sa vie d'adulte. On entend par *automatisme de contrôle* tout comportement qu'on utilise pour réprimer ses propres charges émotionnelles[6].

S'il est encore un poupon, peut-être que bébé a eu des épisodes de pleurs durant la soirée qui se poursuivent encore la nuit. Alors qu'on pense avoir tout fait pour le calmer, que c'est la nuit et qu'on a aussi besoin de se reposer, il pleure toujours. Après des heures de patience et de bons soins, vient un moment où les parents doivent se reposer suffisamment s'ils veulent demeurer efficaces !

Que faire pour éviter l'épuisement parce que le bébé pleure sans cesse ? Après s'être assuré qu'il n'a pas faim ni soif, que sa couche est propre et qu'il ne souffre pas d'un problème de santé, voici quelques pistes pour aider bébé à cesser ses pleurs et permettre aux parents de trouver un peu de paix (voir le tableau à la page 30).

La contribution du père peut être efficace pour endormir le bébé. En contact physique étroit avec son père, le bébé change d'environnement. Sa chaleur, son timbre de voix plus grave, les poils de son torse et son rythme cardiaque plus lent que celui de la mère arrivent souvent à apaiser le bébé. Placer l'enfant aux côtés du père pendant que la mère se détend, de préférence dans une autre pièce, peut faire des miracles.

Si le bébé pleure toujours et qu'on en a le courage, pourquoi ne pas sortir dehors avec la poussette ? *Même en pleine nuit ?* dira-t-on. Et pourquoi pas ? Les promenades le jour calment ou endorment souvent les bébés qui n'y arrivent pas dans la maison, pourquoi en serait-il autrement la nuit ? Si la température et la sécurité du voisinage s'y prêtent, une balade de nuit

Lorsque le bébé est emmailloté de façon serrée, cela lui procure un bien-être semblable à ce qu'il ressentait à l'intérieur de l'utérus.

peut aider à calmer les esprits de la mère et du bébé. Si l'on craint de s'aventurer dans la rue, de simples mouvements de poussette sur le balcon ou la terrasse, à l'air frais, suffisent parfois. Il arrive qu'un changement d'environnement fasse toute la différence pour le bébé, qui lui aussi devient irritable à force de pleurer et de sentir l'impatience et la fatigue des parents.

Si tout cela ne fonctionne pas et que vous sentez que vous allez perdre le contrôle, placez le bébé dans un endroit sécuritaire (comme son berceau) et quittez la pièce où il se trouve afin de recueillir vos esprits et vous apaiser. Demandez à quelqu'un de prendre la relève. Si ce n'est pas possible, fermez la porte de la pièce où il se trouve et allez regarder la télévision ou prendre un peu d'air frais sur la galerie. Le fait de pleurer ne nuira pas à votre bébé. Par contre, il est important pour vous de prendre un moment de répit afin de calmer votre énervement.

Prendre une douche peut être un excellent moyen de se détendre un peu lorsqu'on a passé beaucoup de temps à réconforter le bébé, sans succès. Si notre conjoint dort ou qu'on est

Conseils pour apaiser le bébé

- Placez une source de chaleur sur le ventre de votre bébé (attention qu'elle ne soit pas trop chaude).

- Bercez doucement votre bébé.

- Placez le bébé dans une balançoire mécanique.

- Prenez un bain chaud avec votre bébé.

- Frottez doucement le ventre de votre bébé ou massez lui le dos

- Emmaillotez votre bébé dans une couverture douce.

- Allez promener bébé dans sa poussette.

- Faites une balade en voiture avec votre bébé.

- Installez votre bébé tout contre vous (dans un porte-bébé, par exemple).

- Dormez la nuit avec votre bébé.

- Réduisez l'intensité du bruit et de la lumière dans la chambre du bébé.

- Installez le bébé dans un siège d'auto et placez-le sur le dessus d'une laveuse ou d'une sécheuse en marche (ne le laissez pas sans surveillance). Il existe aussi des modèles de chaise vibrante qui procurent le même effet.

- Allaitez votre bébé, même s'il a bu récemment.

seule à la maison, on peut laisser le bébé dans son lit à barreaux, son parc, son moïse (bref, tout endroit sécuritaire) puis sauter dans la douche une dizaine de minutes. La douche amenuise le bruit des pleurs du bébé et détend. Avec un peu de chance, on sortira de la douche et on s'apercevra que bébé s'est finalement endormi – oui, ce genre de surprise arrive! On peut alors se rendormir, ou profiter de ces moments de calme après la tempête, pour soi-même.

Bien sûr, il est important de surveiller attentivement votre bébé et de vous assurer que ses pleurs fréquents ne cachent pas autre chose. En tout temps, appelez un professionnel de la santé si:

- votre bébé cesse de prendre du poids;

- votre bébé vomit, fait de la fièvre ou de la diarrhée;

- vous notez un changement important dans les pleurs ou le comportement habituel de votre bébé.

Les bébés malades ou handicapés

Apprendre que notre enfant souffre d'un handicap majeur, incurable, constitue un choc pour n'importe quel parent. Toute une gamme d'émotions submerge alors les parents, dont la tristesse, la confusion, la culpabilité, la colère, le déni et la dépression. Souvent, les parents n'ont pas même l'occasion de toucher, de voir ou de tenir le bébé car il est immédiatement pris en charge par l'équipe médicale. Plutôt que de prendre soin de leur enfant, les nouveaux parents doivent assimiler une quantité énorme d'informations et consulter différents intervenants et spécialistes. Les parents doivent faire le deuil du bébé en santé qu'ils espéraient et s'adapter à leur nouvelle réalité, ce qui n'est pas un mince défi.

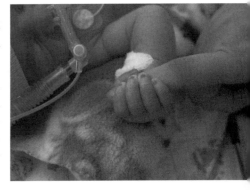

Il est important de se rappeler que les bébés très malades ont les mêmes besoins physiques et émotionnels que les bébés en santé. Peu importe le diagnostic, votre bébé bénéficiera de votre présence, de vos caresses, de vos paroles douces et réconfortantes. Cela vous aidera certainement plus facilement à créer des liens.

Michèle est mère de trois enfants. Les moments suivant la naissance de Luc, son deuxième enfant, Michèle le garde dans ses bras. Son mari est présent. Un moment d'intimité et de tendresse à trois avant qu'on ne reprenne Luc pour l'amener à la pouponnière : on craint qu'il soit trisomique, mais on n'en dit rien aux parents. Les heures passent et Michèle s'inquiète, elle veut allaiter son fils : on lui répond qu'il dort. Plus tard dans la journée, Michèle voit entrer l'équipe médicale dans sa chambre ; elle sait alors qu'une mauvaise nouvelle l'attend. On lui apprend que Luc est trisomique et qu'il souffre d'un grave problème cardiaque. Elle pleure, beaucoup.

Luc est transporté d'urgence à un hôpital pour enfants. Une équipe multidisciplinaire évalue s'il doit être opéré ou non. Michèle et son mari discutent avec les spécialistes, dont un néonatologiste spécialisé dans les bébés de moins de 28 jours. Luc sera opéré au début du mois de septembre, trois mois après sa naissance. Il rentrera finalement à la maison, plus tard au cours du même mois.

« Les moments où j'ai gardé Luc dans mes bras après sa naissance, alors que je ne savais encore rien de son état de santé, ont été très précieux, des moments uniques qui ne reviendront jamais. Je suis contente de les avoir vécus pleinement, sans appréhension ni barrières. J'ai compris avec cette naissance que le lien qui m'unit à mes enfants est inconditionnel. Mais curieusement, j'avais le *feeling* que le bébé avait quelque chose lorsque j'étais enceinte, même si tout semblait bien aller et que mes proches tentaient de me rassurer.

« À l'unité néonatale, j'avais l'impression d'être dans un laboratoire. Luc était branché de partout. J'allais le voir à tous les jours. En juillet, deux mois après sa naissance, mon mari et moi avons pris un week-end de congé, et ma mère avait la responsabilité de visiter Luc. À notre retour, le dimanche, nous nous sommes arrêtés à l'hôpital. L'infirmière nous a informés qu'il avait cessé de s'alimenter. Cela s'était fait graduellement, depuis le jeudi soir ; il buvait de moins en moins au fil des jours et, ce dimanche-là, il n'avait rien bu. Mais, dès le lendemain, tout rentra dans l'ordre. Cette infirmière était persuadée que Luc s'était ennuyé de nous au point de se laisser aller. »

Donner naissance à des jumeaux et des triplés

Depuis les trente dernières années, on a enregistré au Canada (tout comme dans les autres pays industrialisés) une explosion du nombre des naissances multiples. Au Canada, entre 1974 et 1990, la naissance de jumeaux a augmenté de 35 % et celle de triplés (ou plus) de 250 %. En 1997, il y a eu au Canada un nombre incroyable de naissances de triplés, soit 127 comparativement à 49 en 1980[7]. La raison majeure est le recours croissant à la procréation assistée, dont les méthodes d'insémination requièrent l'implantation de plus d'un embryon pour maximiser les chances de survie.

Certains couples mettent plusieurs années avant de devenir enfin parents ! Alors, on peut dire que ces bébés leur sont véritablement « précieux ». Les couples qui ont recours à la procréation assistée auront souvent vécu plusieurs stress avant la naissance : stress financier (les coûts des traitements de fertilité représentent plusieurs milliers de dollars), stress émotionnel lié aux échecs souvent nombreux avant de réussir à devenir enceinte (fausses couches à répétition), et stress physique (prises d'hormones, relations sexuelles programmées pour maximiser de bons résultats, fatigue...). Parfois la mère doit être hospitalisée au cours des dernières semaines de sa grossesse, voire jusqu'à l'accouchement, qui se fait dans la plupart des cas par césarienne. Assez fréquemment, les jumeaux et les triplés naissent avant terme et sont hospitalisés, ce qui est en soi une source d'inquiétude pour les parents.

Les parents de jumeaux et de triplés vivent donc une réalité familiale différente de ceux ayant un seul enfant en santé : on doit s'occuper de deux, trois ou quatre enfants du même âge, en même temps, en tout temps ! Ceci n'est pas une mince affaire. Voici quelques conseils utiles qui vous aideront à passer au travers (voir l'encadré à la page 34).

Les parents de bébés multiples ont besoin de beaucoup d'aide et d'organisation : famille, amis, et membres de la communauté auront un grand rôle à jouer. Des groupes de soutien pour parents de jumeaux et triplés existent. Ils offrent

Conseils pratiques pour les parents de bébés multiples

- Assurez-vous d'avoir des réserves en quantité suffisante. Un seul bébé, ça salit déjà son lot de couches, de bavoirs et de vêtements... imaginez alors deux ou trois bébés! Faites des provisions au préalable et amassez couches, lingettes humides et autres éléments indispensables (acétaminophène pour bébé, crème de zinc, savon doux) afin d'éviter les stress inutiles causés par la nécessité de sortir faire une course alors qu'on a plusieurs bébés sur les bras.

- En général, les gens adorent les bébés multiples et vous offriront spontanément leur aide. Acceptez! Déléguez autant que possible, que ce soit pour les changements de couche, les biberons, le lavage, les courses, la popotte, chaque coup de main est précieux.

- Munissez-vous d'une poussette appropriée pour vos besoins. Il existe des modèles spécialement adaptés pour les triplés et les quadruplés. Quoique plus dispendieux, ils faciliteront vos déplacements.

- Comme pour tous les parents, la plupart de ceux qui ont des enfants multiples oublient cette règle d'or: faire des siestes lorsque les bébés dorment. Il est plus important que vous refassiez le plein d'énergie que de gaspiller vos dernières forces à faire le ménage. Dites-vous que, de toutes façons, aussitôt que les bébés seront réveillés, tout redeviendra rapidement à l'envers! Alors pourquoi s'investir dans ce combat perdu d'avance? Allez plutôt vous reposer.

→

- Trouvez un truc qui vous aidera à différencier les bébés. Si les bébés sont habillés de façon identique, comment saurez-vous lequel a bu, lequel doit être changé ? Cela ajoutera à votre sentiment de désorganisation et vous vous sentirez facilement dépassée. Il peut s'agir d'un code de couleur (un bébé en blanc, l'autre en jaune, l'autre en rose ou bleu). On peut aussi nouer un fin ruban de couleur au poignet des bébés. Certains parents indiquent simplement le nom du bébé sur chaque couche et s'assurent de ne pas intervertir les piles !

- Pour les boires des bébés, tenez à jour un tableau quotidien pour chacun d'eux, indiquant l'heure du boire et (s'il s'agit d'un biberon, comme c'est souvent le cas pour les bébés multiples), le nombre de millilitres bus.

de l'écoute et du soutien moral. Afin d'aider les parents à survivre au quotidien, les CSSS offrent parfois du soutien à domicile. Renseignez-vous auprès du CSSS local durant votre grossesse ou dès votre retour à la maison.

Quand le berceau est vide...

L'ombre de la mort est à peine présente dans l'esprit des futurs parents. Les étapes de l'accouchement sont bien connues des médecins, infirmières et sages-femmes, et les techniques médicales permettant d'intervenir en cas de détresse chez la mère ou l'enfant sont maîtrisées et universellement accessibles. De plus, le niveau d'hygiène est meilleur qu'il y a un siècle et certaines maladies graves sont devenues à peu près inexistantes dans nos pays occidentaux depuis la découverte des vaccins pour les enrayer.

Au Québec, il y a à peine un siècle, des maladies contagieuses comme la tuberculose et la diphtérie entraînaient fréquemment la mort des tout-petits, des enfants ou celle des adultes, dont la mère de famille. En 1901, un nouveau-né sur sept mourrait durant sa première année de vie. Heureusement, depuis une trentaine d'années, le taux de mortalité infantile a considérablement baissé au Canada. En 1997, ce taux était de 5,5 p. 1000[8]. L'adoption d'un régime de soins universels, entre 1970 et 1975, serait un facteur important dans cette réduction de la mortalité infantile[9]. Ajoutons aussi l'impact des campagnes et législations suivantes : incitation auprès des parents à coucher le bébé sur le dos, réduction du tabagisme, installation obligatoire de sièges sécuritaires pour bébés dans les véhicules automobiles. Les principales causes de décès des bébés de moins d'un an sont les affections survenues durant la période périnatale, les anomalies congénitales (présentes à la naissance), les états morbides mal définis (y compris le syndrome de la mort subite du nourrisson), et les causes externes (accidents, empoisonnements, actes de violence).

Les parents qui vivent le deuil d'un bébé font face à une des plus grandes injustices de ce monde. Tous les parents qui ont perdu un enfant le disent : ils ressentent un vide, une blessure qui ne se referme jamais complètement. Vivre le deuil de son enfant comporte quelque chose d'illogique, même si « l'enfant » est déjà adulte et lui-même parent : les enfants ne *devraient* pas disparaître *avant* leurs parents.

Vous et votre conjoint ne vivrez pas cette perte nécessairement de la même façon. Tout comme les parents qui ont un enfant très malade, vous traverserez une période d'adaptation remplie de sentiments douloureux. L'important est de savoir bien vous entourer. Les personnes dans votre entourage ne sauront peut-être pas comment réagir et montreront une certaine gêne, une réticence. Partagez vos émotions avec des

Conseils pour les parents qui vivent un deuil

Tout d'abord, ne prenez pas de décisions importantes à la hâte. Des personnes bien intentionnées (vos parents, le personnel médical) voudront peut-être prendre des décisions à votre place afin de vous éviter des considérations déplaisantes. Prenez le temps de mûrir chaque idée avant de vous prononcer. C'est aux parents de décider si oui ou non ils veulent voir ou prendre l'enfant, le photographier ou non, organiser des funérailles ou non, etc.

- Demandez à voir votre bébé (si vous vous en sentez la force).

- Si cela est possible, prenez votre bébé dans vos bras.

- Prenez des photos. Cet enfant a bel et bien existé et détenait une place dans votre vie.

- Donnez-lui un nom.

- Réunissez quelques souvenirs dans une boîte. Demandez à conserver une mèche de ses cheveux, son bracelet d'hôpital, l'empreinte de son pied, son premier pyjama, etc.

- Organisez des funérailles, si vous en avez envie.

- Parlez ouvertement de votre peine.

- Si vous en ressentez le besoin, adhérez à un groupe de soutien ou obtenez de l'aide en clinique (thérapeute, etc.).

personnes en qui vous avez confiance et abordez le sujet avec eux si vous en ressentez le besoin. N'hésitez pas à faire appel à des ressources de soutien externes.

Syndrome de mort subite du nourrisson

Plusieurs parents s'inquiètent au sujet du syndrome de mort subite du nourrisson (SMSN). En effet, ce syndrome demeure la principale cause des décès des nourrissons au Canada. La principale hypothèse pour en expliquer la cause voudrait que ces bébés soient nés avec une anomalie du tronc cérébral qui toucherait la régulation cardiorespiratoire et le réflexe de réveil. Toutefois, des facteurs de risque ont été isolés : tabagisme des parents, prématurité, faible poids à la naissance, grossesse à l'adolescence, soins prénataux laissant à désirer, sommeil du bébé sur le ventre, pièces surchauffées[10]. Depuis qu'on recommande de coucher les bébés sur le dos, on a remarqué une nette diminution du SMSN et le taux est passé de 0,97 (1985-1989) à 0,54 pour 1 000 naissances (1994-1998).

Le syndrome du bébé secoué

Chaque année, les médias rapportent le décès de nourrissons, morts après avoir été secoués. Des parents, des gardiennes, exténués par les pleurs et qui n'arrivent plus à se contenir... Au Québec, les décès de bébés liés à la violence familiale seraient de 0,035 p. 1000 et seraient cinq fois et demie plus élevés chez les garçons de moins de six mois que chez les filles du même âge[11]. Le site de la Société canadienne de pédiatrie apporte des pistes permettant d'évaluer, dans une famille, le potentiel de risque pour le syndrome du bébé secoué. Référez-vous à la section sur Les bébés à besoins accrus ou hypersensibles en page 27.

Comment moi, d'habitude si calme et si douce, je perds patience, je m'énerve et je crie après mon enfant? Je ne me reconnais plus... Lorsqu'on vient à bout de patience, que notre niveau de tolérance est proche de zéro, qu'on a besoin de parler

En général, les parents s'attendent à ce que leur nouveau bébé pleure. Toutefois, ils sont souvent mal préparés aux interminables périodes de pleurs et aux fortes émotions que ces pleurs peuvent susciter chez eux ou chez leur conjoint. [...] Ce syndrome survient lorsqu'un bébé est secoué violemment pendant 2 à 30 secondes. Un bébé secoué sur cinq décède, et la moitié des bébés qui survivent à ce traitement ont des complications graves, comme des déficiences intellectuelles, une paralysie ou la cécité. On croit que le nombre de bébés secoués serait supérieur à ces estimations, mais qu'un diagnostic n'est pas posé parce que les parents ne consultent pas leur médecin par crainte des conséquences ou parce que les médecins hésitent à poser un tel diagnostic[12].

à quelqu'un, mais que notre conjoint n'est pas disponible, ou si on est seule, il est possible de communiquer avec des lignes d'écoute pour parents, de façon anonyme. Certaines sont ouvertes 24 heures par jour : cela s'avère très utile la nuit lorsqu'on ne veut pas réveiller nos proches ou nos amis. Parfois, ce genre d'appel peut nous éviter de perdre le contrôle (physique ou verbal) de soi et atténue les conséquences négatives sur le conjoint ou l'enfant. Consultez la section des Ressourcces, p. 210.

Pour l'amour de notre famille et de nous-même, téléphonons avant de craquer !

Les transformations chez le conjoint

Les premières semaines suivant la naissance du bébé, on prend des nouvelles du bébé, puis de la mère. Et le père, lui ?... Notre compagnon a lui aussi vécu des moments forts qui ont laissé

Lorsque Dominique était enceinte, je croyais fortement qu'il y avait un petit être en évolution, mais la sensation de devenir père s'est faite en plusieurs étapes.

D'abord, les premiers battements de cœur entendus avec l'ultrason du médecin lors du suivi de grossesse, cela a créé la première sensation de vie, puisque à part la bedaine de Dominique, je ne pouvais pas sentir l'évolution de notre enfant. Ensuite, avec l'écho cela permettait une vision du petit bonhomme puisqu'on pouvait déjà voir son sexe, un autre pas en direction de la naissance. Puis, voir ce petit bonhomme sortir du ventre de Dominique m'a créé des picotements, le fruit de notre amour était enfin là. Par contre, la responsabilité de père n'est pas instantanée, on n'est pas habitué, on a peur de le prendre dans nos bras par crainte de lui faire mal, on doit nous aussi faire notre propre évolution.

Gérard
papa de Florent

À l'échographie, quelque chose de spécial s'est passé. Je me suis senti impliqué de façon plus personnelle et plus concrète à partir de ce moment-là. L'autre moment marquant fut la décoration de la chambre d'Olivier. C'est par l'énergie que j'y ai consacré que je me suis senti investi de l'excitation, de la satisfaction anticipée que me procurait l'idée de devenir père, bref, que j'avais hâte de lui voir le bout du nez. Ainsi, lorsque Olivier est né, j'étais son père. C'est-à-dire que je vivais l'expérience entièrement.

Stéphane
papa d'Olivier

des marques. Témoin de notre grossesse et de l'accouchement, notre conjoint n'a toutefois subi aucun bouleversement hormonal et ne vit pas les suites de couches. Le père n'est pas bousculé par la naissance dans sa propre chair comme l'est sa conjointe. Comment se vit cette transformation du point de vue de notre conjoint? Y a-t-il un moment précis où ils ont eu l'impression de devenir «père»?

Pour la première fois dans l'histoire occidentale contemporaine, les pères assistent massivement à l'accouchement. Traditionnellement, la naissance était un moment charnière vécu entre femmes. Avant la médicalisation généralisée de l'accouchement vers le milieu du XXe siècle, la femme donnait la vie chez elle. Elle était la plupart du temps assistée par quatre autres femmes; une sage-femme placée à la hauteur de son bassin pour accueillir le bébé, deux autres à ses côtés, et une à l'arrière pour la soutenir. Ces «aidantes» étaient souvent la mère, les sœurs, les cousines, les tantes, etc. Puis les femmes accouchèrent dans les hôpitaux, où elles n'étaient entourées que du personnel hospitalier (composé en majorité

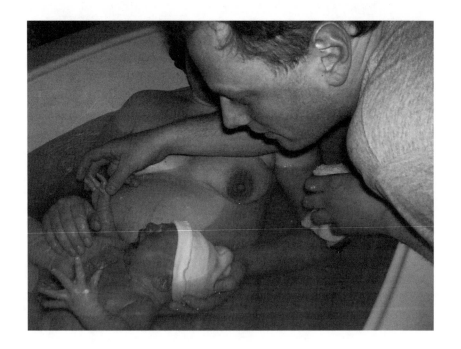

d'hommes), se retrouvant ainsi complètement coupées de leurs proches et de leur milieu. Dans les années 1980, le mouvement d'humanisation des naissances a voulu donner une place aux pères durant l'accouchement. Aujourd'hui, leur absence au moment de la naissance est l'exception plutôt que la norme. Nos conjoints n'ont pas d'héritage de transmission du vécu de la naissance, de père en fils ou de mère en fils, car la présence du conjoint durant l'accouchement est un phénomène trop récent.

Paul Cesbron, un gynécologue-obstétricien français, commente ce phénomène: «Leur présence a fait apparaître de nouveaux rituels. Pour canaliser l'émotion du primipère, on l'invite à couper le cordon et à baigner l'enfant, gestes révolutionnaires réservés autrefois aux sages-femmes. Couper le cordon, c'est séparer l'enfant de sa mère, symbolique brutale... Son nouveau rôle symbolique consiste justement à défusionner la mère et l'enfant...[13] »

Plusieurs hommes offrent un soutien et une aide inestimables durant l'accouchement. Leur attitude positive et empathique, leur confiance en eux et en leur conjointe, les soins qu'ils prodiguent durant le travail (masser, encourager, éponger le front, soutenir) ainsi que leur capacité à ne pas transférer leurs propres peurs sur leur conjointe, ou à vouloir contrôler la situation, rassurent la parturiente.

Mais les cours et les rencontres médicales en prénatal sont-ils toujours suffisants pour préparer tous les nouveaux pères à assister leur conjointe et à accueillir le bébé? «Les gens de Repère avaient constaté que l'approche traditionnelle des rencontres prénatales rejoignait peu les hommes: en fait, apprendre à changer les couches ou laver le bébé ne les intéressait pas, ils ne trouvaient pas leur place. L'homme était présent lors de l'accouchement, mais il jouait un rôle de spectateur passif et personne ne s'attardait à ce qu'il vivait ou ce qu'il ressentait. Depuis environ cinq ans, le père est devenu un intervenant physique, et non plus un spectateur. Il devient un "père accoucheur" qui, le premier, accueille l'enfant dans ce monde. On a d'ailleurs vu une grande différence dans le lien d'attachement qui se tisse dès la naissance entre le père et son bébé[14]. »

Je dirais que le déclic de me sentir père s'est fait à l'échographie, quand on voyait la petite bouger. Par contre, j'ai commencé à apprécier être père quand la petite a fait ses nuits!

Pierre
papa de Sabrina

Je suis devenu père progressivement durant les dix premières semaines de la grossesse. Le premier jour, j'étais incrédule face au résultat du test, je me disais que ça pouvait être dû à un débalancement hormonal, même si je savais que le résultat était à 99,9 % fiable. Par la suite, surtout en voyant les changements physiologiques chez Danielle, l'idée de la paternité s'est confirmée et a pris de l'ampleur. Le moment culminant a été quand j'ai entendu les battements du cœur de notre bébé, c'était ma preuve concrète de l'existence de notre bébé et surtout de sa bonne santé.

Ziad
papa de Mathilde

Certains hommes n'aiment pas assister à l'accouchement, qui est loin d'être une expérience érotique ou esthétique. La vue du sexe de la femme grand ouvert, la douleur, le sang, de même que la vue du ventre ouvert lors d'une césarienne, peuvent les traumatiser et les bloquer plus tard dans les relations sexuelles. Mais je dois dire que ce n'est pas le cas de la majorité des hommes, qui sont souvent de bons compagnons durant l'accouchement.

Caroline Abram
sexologue clinicienne,
psychothérapeute et maman
d'un jeune garçon

Dans certains cas particuliers, la présence du père est-elle nécessaire ou souhaitable ? Par exemple, lorsque la relation de couple est fragilisée ou que la peur ou le malaise de l'homme face à l'accouchement sont tels que sa conjointe subira un stress supplémentaire pendant le travail, l'amenant à endosser l'insécurité de son homme au moment où elle doit penser d'abord à elle et à son bébé. Vaudrait-il mieux, lors de telles situations, qu'il soit tenu à l'écart et encadré par d'autres professionnels ?

Certains pères, même s'ils représentent une minorité, ne veulent pas assister à l'accouchement mais n'osent pas l'exprimer. Faudrait-il respecter le désir de celui qui veut s'absenter de la chambre de naissance ? Notre volonté d'égalité entre conjoints nous amène-t-elle parfois à banaliser les différences entre le ressenti de l'homme et celui de la femme au moment de la naissance ? Dans ces cas, il faut faire preuve d'ouverture et encourager notre conjoint à en discuter puis l'appuyer dans sa démarche.

Les nouvelles attentes face à la disponibilité du conjoint

Après la naissance, le conjoint s'avère un allié de premier plan. Le partage des tâches domestiques est toujours apprécié par la nouvelle mère et le père devrait, dans la mesure du possible, s'impliquer dans cette sphère familiale. Mais son soutien affectif et l'attention qu'il porte au bébé le sont encore davantage. Une femme qui est écoutée et respectée dans ses choix par son conjoint puise dans ce soutien une force supplémentaire au quotidien. Si, au contraire, elle a l'impression d'aller à contre-courant, d'être critiquée ou ignorée, ou que le conjoint ne s'implique pas assez avec le bébé, elle se fatigue davantage, physiquement et émotionnellement.

Toute future ou nouvelle maman rêve du conjoint qui s'empresse de s'occuper du bébé et d'elle à son retour du travail : donner le bain, jouer avec lui, faire un peu de ménage ou préparer le souper pendant qu'elle se repose un peu. Cet homme existe bel et bien, mais il ne représente pourtant pas la réalité de tous les couples. Ce comportement peut survenir de façon ponctuelle, comme durant le week-end ou les périodes de vacances. La profession de notre conjoint est un facteur déterminant dans le temps objectif qu'il peut nous accorder, à nous et au bébé. Un employé salarié avec un horaire régulier de jour, travaillant 35 ou 40 heures semaines, sera beaucoup plus en mesure d'aider sa conjointe (en théorie) que l'homme travaillant sur appel, l'entrepreneur, le travailleur autonome, celui alternant les horaires de jour et de nuit ou celui qui doit voyager régulièrement à l'étranger.

C'est une erreur de croire que la disponibilité du conjoint sera automatiquement plus grande *parce que bébé est là*. Lorsqu'on a passé une journée entière, seule avec bébé, sans avoir parlé à personne d'autre, on a tendance à accueillir le conjoint qui arrive du travail avec une avalanche d'anecdotes, de questions et de requêtes. On souhaite qu'il prenne la relève avec l'enfant… De son côté, il a peut-être eu une journée très chargée au travail, en plus d'avoir affronté des bouchons de circulation. Il lui faut aussi du temps pour «décanter» de ses stress. Le nouveau papa peut aussi percevoir l'arrivée du bébé comme une incitation à travailler davantage parce qu'il se sent responsable des besoins d'un nouvel être et d'une famille. À tort ou à raison, l'homme peut plonger dans son travail s'il vit des inquiétudes : ce travail devient alors une échappatoire. Déposer bébé dans les bras du conjoint alors qu'il est sur le seuil de la porte, accompagné d'un «Tiens, c'est à ton tour de t'en occuper !» risque de créer des conflits plutôt que des situations de rapprochement.

L'implication du papa

Le mot «paterner» n'existe pas encore dans le vocabulaire courant et ne figure pas dans le dictionnaire. L'acceptation de ce terme serait pourtant le début d'une reconnaissance des différences entre les façons d'agir et d'être des hommes et des femmes envers leurs enfants. Le terme «paterner», en reconnaissant de manière spécifique le lien père-enfant, participerait

Mon conjoint s'implique auprès du bébé selon mes attentes, mais davantage les fins de semaine quand il ne travaille pas.

Marjorie

Ma première année de vie avec mon fils aîné s'est bien passée. C'était tout nouveau. Mais à l'arrivée de notre fils cadet, les tensions ont été de plus en plus présentes : je continuais d'en prendre toujours plus. Je prenais tout à cœur et très «personnel» parce que c'était ma job d'être mère. Toute critique était capitale, je me sentais à fleur de peau. Tous me donnaient des conseils. Je travaillais tant sur moi, je me sentais vraiment responsable de l'éducation de mes fils. Cela a créé des attentes chez moi et mon mari. Il travaillait de plus en plus à l'extérieur, et moi, je me consacrais aux enfants et à la maison ; je faisais tout durant la semaine, incluant les «jobs d'homme». Pour mon mari, c'était devenu normal. On était tous les deux fatigués. Tout cela nous a éloignés. Après cinq ans, il y a eu une crise de couple.

Guylaine,
mère de deux garçons et dont le conjoint s'absente du domicile familial plusieurs jours par semaine pour son travail

Ma conjointe faisait faire les rots de Marius de la manière traditionnelle, c'est-à-dire la tête accotée sur l'épaule tout en lui flattant le dos. Je trouvais que cette méthode était inefficace, sans compter que le bébé salissait ainsi nos vêtements! Je me suis mis à faire tressauter – très doucement! – le bébé sur mes genoux, mais ma conjointe n'aimait pas tellement ; elle disait que ça secouait trop le bébé, que c'était dangereux. Après quelque temps, elle s'est finalement rendu compte que ça marchait effectivement mieux ainsi!

Daniel

aussi à valoriser l'homme dans son unicité. «Les femmes des générations précédentes ont été nombreuses à vouloir faire de l'homme leur clone. Aujourd'hui, les hommes souhaitent s'exprimer à leur façon et s'affirmer dans leurs différences. Plusieurs pères trouvent difficile de recevoir les demandes de leur conjointe et d'avoir à y répondre selon ses standards, à elle[15].»

Au fil des semaines, la maman (si c'est elle qui reste davantage à la maison) développe une grande connaissance du bébé : ce qu'il aime, ce qui le fait réagir, ses rythmes, etc. La femme a beaucoup à raconter sur l'enfant et ses propres progrès comme nouvelle mère, et elle aime généralement en parler en détail! À certains égards, oui, la nouvelle mère peut connaître «mieux» le bébé parce qu'elle passe ses journées avec lui, qu'elle se renseigne par de nombreuses lectures, ou qu'elle participe à des ateliers de formation ou des forums de discussion sur Internet. Elle tâtonne et apprend avec la méthode «essai-erreur». Elle s'attend parfois à ce que son conjoint fasse à sa façon, celle qui «marche» bien et qui évite de perdre du temps, qu'il s'agisse de changer les couches, d'habiller ou nourrir l'enfant, de faire le rot... Mais l'homme peut se sentir incompris si on ne lui laisse pas l'espace nécessaire pour expérimenter à sa manière ou si sa conjointe le critique ou n'a pas suffisamment confiance en lui. Des différences culturelles ou éducationnelles entre la femme et son conjoint peuvent aussi apparaître ou ressurgir avec l'arrivée de l'enfant. Parfois par surprise, alors qu'on croyait être sur la même longueur d'ondes ou avoir résolu les différends…

Comment, et dans quelle mesure, le conjoint peut-il aider ? Par des gestes tout simples qui permettent de souffler un peu et de changer de la routine : mettre la table, préparer le repas, faire un peu de ménage, amener bébé au moment de la tétée, faire le rot, faire couler un bain, changer la couche, vider le lave-vaisselle… Si le conjoint est encore plus disponible, il peut s'occuper du bébé pendant 30 ou 60 minutes (ou plus). Il s'agit d'une période suffisamment longue pour décompresser et profiter d'un état de détente. Il est bénéfique, autant pour le bébé que pour la mère, d'être « séparés » pour un court laps de temps. Peut-être les bébés sentent-ils aussi la fatigue des parents, en particulier celle de la mère si elle reste avec lui toute la journée. Se blottir dans les bras de papa procure au bébé une autre source de chaleur et le stimule différemment.

Lorsqu'il n'y a pas de conjoint

Parfois, il n'y a pas de père pour accueillir l'enfant à la naissance. Cette situation est plus fréquente lorsqu'il s'agit d'une mère adolescente, d'une mère membre d'un couple lesbien ou d'une mère qui a décidé, seule, d'avoir un enfant. Parfois, le conjoint a quitté la mère ou il est décédé durant la grossesse. Peu importe leur situation, ces femmes auront toutes besoin d'une grande part de collaboration de leur entourage immédiat afin de s'adapter à leur nouveau rôle.

Bien souvent, les femmes lesbiennes qui ont un enfant ou les mères adolescentes seront confrontées à de nombreux préjugés ou à des commentaires blessants. Le soutien que celles-ci recevront de leur entourage immédiat (famille, amis) contribuera grandement à faciliter leur adaptation à leur nouveau rôle de parents.

Une jeune femme dont j'étais la marraine d'allaitement vécut une séparation alors qu'elle se trouvait à son quatrième mois de grossesse. Elle retourna vivre chez ses parents, à 25 ans. Ce fut difficile pour tous. Son ex-conjoint assista à l'accouchement, sans qu'ils aient renoué leur relation de couple. Les premières semaines *post-partum* de Tania furent empreintes de sentiments contradictoires : la joie et la fierté d'être devenue mère se trouvaient mêlées à l'insécurité et aux nombreux questionnements sur les plans psychologique et matériel. Tania abandonna rapidement l'allaitement maternel : trop préoccupée par des soucis majeurs, elle ne trouvait ni l'énergie ni le temps nécessaires pour corriger des problèmes qui étaient pourtant mineurs : un peu d'engorgement, des douleurs aux mamelons. La disponibilité de ses parents pour prendre soin du bébé et le nourrir permit à Tania d'avoir du temps pour se reposer un peu et d'organiser leur nouvelle vie, à elle et son fils.

La femme doit remettre son couple au centre de la famille, et non l'enfant. Les enfants sont des satellites du couple, dont ils sont issus. Se donner du temps, à soi et à deux, crée des conditions gagnantes pour le couple (le désir remonte!) et pour le bien-être de la famille. En grandissant, l'enfant doit sentir que ses parents forment un tout, auquel il peut se rattacher. L'enfant ne pourra que bénéficier d'un couple solide.

Caroline Abram
sexologue clinicienne,
psychothérapeute et maman
d'un jeune garçon

La transformation du couple

Est-il possible de devenir à nouveau un couple «comme avant»? Les premiers mois après la naissance du bébé, homme et femme se retrouvent souvent épuisés, vidés. Les moments de répit durant la sieste du bébé ne suffisent pas toujours à parler, à faire l'amour, ou à faire le point sur nos vies respectives.

On a moins de temps qu'avant pour être ensemble. Il arrive aussi qu'on se chicane «pour des riens», que la tension monte. Nombreux sont les couples qui le confirment : la fatigue est également une source de tension au quotidien. Si le conjoint est souvent loin du domicile familial, par exemple pour son travail, ses absences peuvent amener des clivages et donner l'impression au couple d'être «déconnectés». Je crois que la majorité des couples doivent s'attendre à ce qu'il se passe quelques mois avant de retrouver une certaine forme d'intimité. Non seulement l'intimité sexuelle, mais l'intimité dans la parole, dans les gestes. Le bébé qui pleure, qui a faim et soif, dont la couche est

Les sources de tension citées le plus fréquemment par les nouveaux parents :

L'argent
L'arrivée d'un bébé amène son lot de nouvelles dépenses, sans compter qu'un des deux membres du couple prend congé de son ouvrage pour prendre soin du bébé. Cela modifie l'équilibre des finances du couple et, par le fait même, suscite des inquiétudes.

Le temps
Maintenant que le bébé est arrivé, la plupart des couples ont de la difficulté à se trouver du temps. Que ce soit du temps en famille, en couple ou en solitaire, la quête du temps devient une bataille constante.

Les relations sexuelles
Le manque d'énergie et de temps nuisent aux rapprochements amoureux. De plus la majorité des nouvelles mamans connaissent une baisse importante de leur libido dans les mois suivant la naissance.

Les tâches ménagères
L'arrivée du bébé a chamboulé plus que les horaires et le désordre général s'installe. L'épicerie devient une corvée, on manque de temps pour faire le ménage, le lavage s'accumule. Bref, toutes les énergies sont consacrées au bébé et le climat de la maison se détériore au rythme que s'accumule la poussière.

La famille et les amis
Plein de bonnes intentions, les beaux-parents et les amis offrent leur aide tout en donnant aux nouveaux parents une surcharge d'ouvrage par leur présence (préparer le café ou le souper, se dépêcher pour nettoyer le désordre avant leur arrivée, faire la conversation plutôt que de se reposer pendant que le bébé dort). Leurs bons conseils peuvent aussi devenir une source d'irritation.

Avant la naissance de notre premier bébé, mon conjoint et moi avions notre rituel des «petits soupers». Chaque samedi, on passait notre soirée autour d'un repas élaboré que je prenais parfois des heures à préparer. C'était notre moment à nous, au point où on avait pris l'habitude de refuser les invitations à souper le samedi! L'arrivée de Laurette a quelque peu chamboulé notre rituel: maintenant, je passe moins de temps dans la cuisine à préparer le repas, on fait souper la petite en premier, puis lorsqu'elle se couche, on s'attable devant quelques fromages ou une fondue.

Aurélie

souillée, ou qui est malade, laisse peu de place à la communication exclusive entre conjoints. Il est sage de voir les moments en couple, seuls, comme de «petits extras» essentiels pour l'équilibre de chacun, mais en étant conscients que ces plages de temps privilégiées peuvent être bousculées par bien des imprévus: maladies et bobos du bébé, fatigue des parents, annulation de la présence d'une gardienne...

Trouver du temps pour le couple

La majorité des couples parviennent difficilement à trouver du temps pour eux après la naissance. Or, cela est essentiel à la survie du couple! Que ce soit des câlins de deux minutes ou des escapades d'une fin de semaine, il est important de prendre le temps afin de montrer à notre partenaire que nous prenons encore plaisir à le côtoyer en tant qu'amoureux et non pas seulement comme coparent.

On conseille tout de même aux couples de garder du temps ensemble après la naissance du bébé. Ce «temps ensemble» varie selon les conseillers: certains suggèrent une sortie par mois dès la naissance du bébé, d'autres disent une fois tous les trois mois ou un week-end par année. Encore une fois, tout est question de jugement et peut varier en fonction des besoins, des disponibilités du couple et du soutien qu'il a de ses proches. Certaines personnes sont par nature plutôt casanières tandis que d'autres sont davantage intéressées par une vie sociale active. Un couple dont les parents ou les beaux-parents peuvent garder le bébé une soirée complète peut sortir l'esprit tranquille: bébé est entre bonnes mains. Par contre, un couple qui n'a pas les mêmes ressources familiales ou amicales sera nettement moins à l'aise de laisser leur tout-petit sous les soins d'une gardienne qu'il connaît à peine.

La plupart des nouveaux parents hésitent à faire garder leur bébé dans les premiers temps. Si la mère allaite et qu'elle ne veut pas introduire le biberon et les préparations lactées, ou qu'elle ne peut exprimer suffisamment de lait maternel, le couple choisira peut-être de remettre à plus tard les sorties à l'extérieur. Lorsque le bébé ne fait pas encore ses nuits ou qu'il est lève-tôt, on hésite parfois à sortir trop tard parce qu'on appréhende les conséquences : manque de sommeil et moins de patience. Le temps à deux sera donc surtout disponible à la maison, durant le sommeil du bébé, et ce sera au couple de créer une ambiance qui simule un changement d'environnement. Prenez donc la peine de faire une liste des activités que vous aimez faire ensemble et que vous êtes encore en mesure de pratiquer même si le bébé est là. Que ce soit une soirée de cinéma à la maison, un bain chaud ou une heure de lecture au lit, réservez-vous un moment de la semaine précis pour cette activité, ce sera ainsi plus facile à intégrer à votre routine.

Le plan postnatal

Une bonne façon de conserver l'équilibre du couple est d'établir un plan postnatal. À l'instar du plan de naissance, le plan postnatal vise à faire des choix tout en demeurant souple face aux imprévus et aux nouvelles attentes de chacun. Le plan postnatal facilitera une meilleure organisation du quotidien dès le retour à la maison après la naissance et pour les semaines, voire les mois à venir. Ce plan favorise une meilleure transition pour les conjoints dans leur nouvelle vie de parents. Le couple pourra aussi mieux cibler les situations où une aide extérieure serait appropriée. L'exercice en vaut la peine : toute la famille y gagne.

La période postnatale est stressante, même pour le père. Sous pression, nous avons tous tendance à nous accrocher à nos anciennes habitudes davantage qu'à les changer… Il est alors peu réaliste que le nouveau papa devienne tout à coup une « ménagère accomplie » ou un bon cuisinier s'il n'avait pas déjà acquis ces compétences et, surtout, l'habitude de les mettre en pratique.

L'adaptation postnatale du père dépend aussi de sa capacité à composer avec le changement, qui est variable d'une personne à l'autre. La nouvelle mère doit comprendre et accepter que son conjoint ne réagira peut-être pas tout à fait selon ses attentes et qu'il faut donc s'armer de patience et de persévérance.

Gérard et moi sommes sortis voir un spectacle pour la première fois lorsque Florent avait quatorze mois. Des amis sont venus garder notre fils à la maison. Il fréquentait déjà la halte-garderie deux avant-midi par semaine, j'étais donc habituée à de courtes séparations. Mais pas mon conjoint… Oui, il partait au travail chaque jour, mais il savait notre fils en sécurité avec moi. Cette fois-ci, il regardait sa montre toutes les dix minutes : il avait hâte de rentrer chez nous, il s'inquiétait. Au retour, notre fils dormait paisiblement…

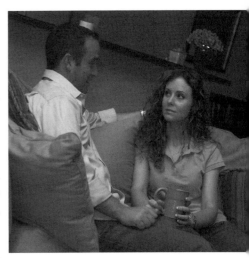

La première année de vie d'une mère est un *job* à temps plein! D'où l'importance de faire des choix : du temps pour le bébé, pour soi-même, puis son conjoint. Le reste – incluant tous les «ages» (ménage, lavage, repassage) et les visiteurs inopportuns – passe bien après. J'ai connu une jeune mère qui avait laissé une clé de la maison à sa belle-mère : cette dernière entrait chez sa bru à toute heure du jour et de la soirée, sans prévenir…

Gladys Quintal
Directrice générale de la Maison de la Famille de Brossard

Certains couples établissent avant la naissance des règles claires ou des façons de faire qui faciliteront leur adaptation à leur nouvelle vie. Cette entente (ou contrat) peut par exemple spécifier que le conjoint s'occupera de donner le bain au bébé le soir afin de donner un peu de répit à la maman. On peut y déterminer à quelle fréquence le conjoint donnera à boire au bébé la nuit (seulement les week-ends, pas du tout si la maman allaite, etc.). On peut également y inclure des questions d'ordre domestique, organisationnel ou relationnel, tels que le conjoint s'engage à ne pas jouer au hockey plus d'un soir par semaine, ou que la famille se réserve un week-end sur deux sans visite afin de préserver son intimité. Voici des exemples de ce que pourrait contenir un plan postnatal :

- Énumération et répartition des tâches domestiques quotidiennes et hebdomadaires.

- Énumération et répartition des soins du bébé.

- Engagement des conjoints à se réserver du temps ensemble en couple, une fois par semaine.

- Engagement des conjoints à limiter les visiteurs inopportuns.

- Engagement du père à s'occuper du bébé 30 minutes par jour, pour donner du répit à sa conjointe.

Il est certain qu'il n'est pas facile d'envisager ni de prédire à l'avance de quelle manière on aura besoin d'aide. Même si l'on prend tous les moyens nécessaires pour bien se préparer et s'entourer, parfois la réalité est autre : les deux conjoints sont si exténués par leurs nouvelles responsabilités que l'un et l'autre agissent différemment de l'entente de base du couple. Une cascade de colère et de désillusion prend alors le dessus, et il devient difficile de prendre du recul. Comme dans toute chose, l'important demeure de bien communiquer et de faire part à l'autre de nos besoins. Il faudra alors peut-être revoir le contrat en fonction des nouvelles attentes.

Il est important de se rappeler que la période qui suit la naissance du bébé en est une d'adaptation. C'est donc un bon moment pour diminuer les attentes qu'on peut avoir face à l'entretien de la maison. Si vous aviez l'habitude de passer l'aspirateur deux fois par semaine ou de laver la salle de bains quotidiennement, il serait peut-être bon de réévaluer vos priorités afin que ni un ni l'autre des conjoints ne soit surchargé par l'abondance des tâches domestiques. De son côté, le conjoint doit aussi diminuer ses attentes. Le fait que la mère soit à la maison toute la journée ne signifie pas nécessairement qu'elle ait le temps de préparer le souper, de plier le linge ou de vider le lave-vaisselle. Veiller aux besoins de base d'un bébé n'est pas une mince affaire et constitue en soi une activité à plein temps.

Prendre conscience de cette réalité, de préférence en prénatal ou en début de postnatal, est un atout. Insister rapidement pour obtenir la collaboration du conjoint dans les sphères domestiques routinières et pour les soins du bébé favorise un meilleur partage des tâches, donc de moins grandes frustrations. Ce n'est pas une garantie que l'entente de base sera respectée exactement comme on l'avait souhaitée, mais il vaut la peine d'essayer.

Selon les données de l'Institut national de santé publique du Québec, obtenues par les chercheurs du groupe PROSPÈRE[16] en 1992, les pères ayant des enfants en âge préscolaire consacrent de plus en plus de temps, par jour, aux tâches domestiques : en 1986, 68 minutes ; en 1992, 87 minutes ; et en 1998, 103 minutes. Toujours selon le même institut, le père s'engage davantage lorsque les deux parents travaillent à l'extérieur. On note aussi un engagement plus important du père dans les jeux physiques avec l'enfant, par opposition au soutien affectif, à l'ouverture sur le monde ou à la discipline[17].

Un document de *Emploi, Solidarité sociale et Famille* conclut que «...trop peu d'hommes s'impliquent équitablement dans les tâches domestiques, en particulier les tâches relatives à la planification, à l'achat et à la confection des repas ainsi que celles relatives à l'achat et à l'entretien des vêtements. Ces activités domestiques se répètent au quotidien et prennent beaucoup de temps dans la vie de famille. Les pères passent plus de temps avec leurs enfants en réalisant des activités de socialisation (jeux, sorties, transport, devoirs) et des travaux saisonniers[18]. »

Pour certaines femmes, devenir mère leur fait prendre conscience, peut-être pour la première fois, qu'hommes et femmes sont différents. Alors que jusque-là tout allait dans le sens de l'égalité (accès à l'éducation, contraception, emplois, autonomie financière...), les femmes sont seules à porter l'enfant, à l'accoucher, à l'allaiter ; seules aussi à subir les transformations corporelles liées à la maternité (vergetures, ventre mou, seins gonflés), parfois de façon permanente. Les femmes sont la source principale de réconfort et de survie du bébé dans les premiers temps. Certaines nouvelles mamans trouveront ce passage difficile, parce qu'elles ressentent une perte de leur liberté et de leur indépendance. Elles pourraient aussi envier le conjoint qui, malgré ses nouvelles responsabilités de père, reprend souvent plus rapidement sa « vie d'avant » – du moins à ses yeux à elle.

Le réseau de soutien

Tous les parents apprécient à sa juste valeur leur réseau de soutien lorsque le bébé arrive. Des amis qui apportent des repas tout faits, des grands-mères qui offrent leur service de gardiennage, des frères ou sœurs qui rendent service et font quelques petites courses, tout cela peut contribuer au bien-être de la nouvelle famille. Communiquez vos besoins à vos proches et dites-leur clairement ce dont vous avez envie. Accordez-vous le droit de dire « non » si l'empressement de certains vous occasionne davantage de gêne que d'aide réelle.

Notre mère

Les regroupements qui offrent les services d'accompagnement à la naissance (les *doula*) ont bien compris le besoin des femmes d'être en présence d'une mère durant l'accouchement. La

Natasha avait eu une deuxième césarienne et devait rester alitée pour deux semaines en raison de complications. Sa belle-mère avait aussitôt établi ses quartiers chez elle pour lui donner un coup de main. Cela rendait Natasha inconfortable de voir sa belle-mère ouvrir les tiroirs pour ranger le linge et fouiller dans ses armoires pour préparer les repas, sans compter que le branle-bas de combat l'empêchait de faire des siestes. Après en avoir discuté avec son conjoint, ils ont plutôt demandé à la belle-mère d'emporter chez elle le lavage et de préparer les repas chez elle. Ainsi, l'intimité du couple demeurait intacte, Natasha avait davantage le temps de se reposer et la belle-mère avait l'occasion de les aider.

femme obtient de l'accompagnante le soutien continu d'une autre femme de confiance durant le travail, surtout si l'accouchement a lieu à l'hôpital où l'anonymat du personnel n'offre pas toujours chaleur humaine et intimité. L'accompagnante offre aussi des visites à domicile en postnatal. Lorsque la grossesse et l'accouchement sont suivis par une sage-femme, cette dernière reste disponible pour les nouveaux parents durant les semaines *post-partum*.

Nos mères n'assistent pas toujours à l'accouchement, car il est maintenant devenu une «affaire de couple» plutôt que d'être une expérience vécue et transmise de femme à femme. La présence au premier plan du conjoint remplace celle traditionnellement dévolue à la sage-femme et aux autres femmes, dont la mère. Certaines futures grands-mères n'osent plus se rendre à la chambre de naissance par peur de déranger le couple. Elles restent chez elles et s'inquiètent pour leur fille, elles attendent un coup de fil et la confirmation que le bébé est né et que tout va bien. Et pourtant… Celles qui ont perdu leur mère avant la grossesse et l'accouchement vivent une deuxième

Ce n'est pas étonnant que la clé d'un postnatal heureux soit de demander et d'obtenir de l'aide et du soutien d'une «mère», que se soit notre propre mère ou toute personne maternelle qui a ce don de générosité et d'attention dont nous avons alors tant besoin[19].

Isabelle Brabant
sage-femme, auteure
et mère de deux enfants

Ma mère et moi ne nous sommes jamais dit explicitement « je t'aime », mais on le sent très fort entre nous. Depuis que je suis mère, oui, je me sens plus proche d'elle. Et je crois que, plus je vieillis, mieux je comprends ce qu'elle a vécu, son attachement à sa famille. Dans ma vie, ma mère est aussi importante que mon fils.

Martine

J'avais de l'aide de ma mère, qui habitait proche de chez moi à l'époque, et de mes beaux-parents. Mon chum m'aidait aussi dans la mesure du possible. Mais je ne demandais pas souvent de l'aide, je ne voulais pas déranger. Je pensais qu'être mère, c'était ma job.

Guylaine

fois le deuil de cette absence. À la naissance de notre enfant, la jeune fille en nous fait place à une mère. La maternité est un passage symbolique important pour la femme : elle est maintenant semblable physiquement et émotionnellement (elle est responsable d'un autre être) à celle qui l'a mise au monde. Être enceinte nous ramène à nos origines. Devenue mère, comment la relation avec celle qui nous a donné la vie, notre propre mère, évoluera-t-elle ?

Pour certaines femmes, la maternité a créé un véritable rapprochement avec leur propre mère. Cette complicité fait toute une différence au quotidien. Une nouvelle maman me disait avoir passé une semaine chez sa mère, avec le bébé, alors que celui-ci avait quelques semaines de vie. Sa mère lui offrit un havre de paix et de bonheur : écoute empathique, aucun souci domestique, des moments de répit entre les tétées du bébé. Cette femme fut privilégiée : quelle nouvelle mère ne souhaite pas obtenir une telle aide, empreinte de complicité ?

Parfois, le rapprochement est difficile, parce que fille et mère ont des modes de vie différents, des valeurs opposées, ou qu'elles manquent tout simplement d'affinités. Parfois, il s'agit de désaccords sur les styles d'éducation, ou de conflits familiaux latents, non réglés. Parfois aussi, l'arrivée du bébé crée des situations et des conflits qui n'existaient pas auparavant. Par exemple : une femme pour qui un environnement sans fumée est une valeur importante mais dont la mère fume. Cette nouvelle maman veut minimiser l'influence de la cigarette sur elle et son enfant. Mais comment exiger, lors d'une visite chez sa mère, que celle-ci ne fume pas sans l'offusquer ?

Peu importe le type de relation qu'on entretient avec notre mère, celle-ci détient un bagage de vie et une expérience non négligeable en matière de maternité. Il y a des choses qui ne changent pas. Nos mères, même si elles sont d'une autre époque, ont elles aussi consolé des bébés et ont développé des trucs pour pallier certaines situations. Un savoir important peut se transmettre de mère en fille et venir ainsi combler des écarts intergénérationnels qu'on croyait insurmontables.

Pourquoi ne pas profiter de ce moment privilégié pour sonder cette mine d'informations sur la maternité qui se trouve tout près de nous?

Mettez votre orgueil de nouvelle mère de côté et n'hésitez pas à demander conseil à votre mère. Celle-ci sera fière de partager avec vous son expérience. Vous serez peut-être en désaccord avec les solutions qu'elle vous propose, mais le fait d'en discuter vous permettra au moins de voir le problème (coliques, prise de poids insuffisante, boutons, sommeil trop court, etc.) sous un angle nouveau. Invitez votre mère à une sortie avec le bébé et profitez-en pour échanger sur vos expériences mutuelles. Laissez la chance à votre mère de vous donner un coup de main si elle vous offre de l'aide. Trop souvent, on veut montrer qu'on maîtrise bien la situation et on refuse qu'elle vienne nous seconder. Demandez-lui de vous cuisiner des repas congelés, laissez-la venir faire du lavage ou acceptez qu'elle garde le bébé pendant que vous faites une sieste.

Les visiteurs

Les visiteurs sont nombreux les jours suivant la naissance du bébé: ils veulent enfin le voir, le toucher, et nous sommes fières de présenter notre enfant. Certains proches ou amis sont tout naturellement respectueux de notre espace intime et de notre enfant. D'autres, au contraire, prennent spontanément notre bébé dans leurs bras (parfois sans attendre notre consentement!), et notre réprobation à leur égard leur apparaît comme un excès de possessivité. «Voyons, il doit s'habituer à d'autres bras que ceux de sa mère.»

On se sent inconfortable si l'on «s'approprie» notre enfant sans notre permission? N'hésitons pas à le reprendre dans nos bras lorsque nous (ou lui) ressentons de l'inconfort. Bébé pleure lors d'une réunion familiale ou amicale, après avoir été câliné par les uns et les autres? Faire connaissance avec plusieurs inconnus exige beaucoup de lui. Pleurer est son seul moyen de nous dire qu'il en a peut-être assez et qu'il veut se retrouver en territoire connu: auprès de maman, papa, un frère

Notre garçon avait tout juste deux mois à Noël. Moi et mon conjoint, on appréhendait les réunions familiales où tous les «mononcles» et les «matantes» prendraient le bébé. Ce qui nous inquiétait surtout: les microbes! Ainsi, à chaque fois qu'on entrait chez quelqu'un, on établissait clairement la règle: si vous voulez prendre Quentin, vous devez absolument vous laver les mains avant! Je crois que ça en a choqué plusieurs. Mon parrain s'est d'ailleurs abstenu de prendre le bébé, alors que je savais très bien qu'il en mourrait d'envie... Tant pis! Au moins le bébé a passé les fêtes sans attraper de vilain rhume.

Gabrielle

ou une sœur, une grand-mère... Si l'on se sent fatiguée et que nos réflexes s'avèrent «au ralenti», notre conjoint peut intervenir à notre place. Il est important de discuter à l'avance de ce genre de situations avec lui, et de se mettre d'accord sur des «stratégies» pour maintenir le bien-être de la petite famille.

Par contre, une nouvelle mère désire généralement partager avec les autres ses petites découvertes. Elle souhaite ainsi voir des gens, mais n'a pas nécessairement le goût de sortir de la maison. Il peut être difficile d'envisager inviter des gens chez soi alors qu'on a pas tellement l'énergie nécessaire ni le temps pour cuisiner et nettoyer avant l'arrivée des visiteurs. Il faut alors revoir notre façon de recevoir et accepter pour un moment que ce soient les visiteurs qui nous reçoivent, mais dans le confort de notre foyer !

Le concept «clé en mains» est très apprécié par les nouvelles mamans : les visiteurs apportent un repas déjà préparé, ils mettent le couvert, servent les plats et s'occupent de nettoyer la vaisselle et de ranger la cuisine. Si les visiteurs apportent aussi leur bonne humeur, ce seront des retrouvailles énergisantes pour la maman ! Certes, on ne peut refuser l'hospitalité à un proche ou à un ami en détresse, mais il est bon, en postnatal, d'être juste un peu égoïste en privilégiant la «bonne» compagnie.

D'un autre côté, visiter les proches comporte aussi plusieurs avantages : on se fatigue moins puisqu'il n'y a pas toute la préparation pour recevoir les invités. C'est parfois une bonne occasion de sortir de la maison et de se changer les idées, ce qui est fort apprécié lorsqu'on a passé plusieurs jours chez soi à cause du mauvais temps, des besoins du bébé, d'un surplus de fatigue. Et, en règle générale, il est plus facile de quitter nos hôtes quand bon nous semble plutôt que de mettre des invités à la porte, même gentiment !

Les conseils

Une nouvelle mère ne souhaite pas, dans la majorité des cas, qu'on lui donne des conseils – à moins qu'elle ne les sollicite. Les multiples conseils des uns et des autres, donnés avec les meilleures intentions, sont parfois contradictoires, relèvent de l'anecdote ou ne sont plus scientifiquement valides de nos jours. Bien des découvertes sur le développement et les besoins des bébés sont survenues depuis les 30, 20, 10, voire les 5 dernières années. Et nos connaissances continuent à évoluer !

Par exemple, l'introduction des aliments solides, qu'on recommandait parfois dès l'âge d'un mois de vie il y a 25 ans, était indiquée comme une panacée... pour que bébé fasse ses nuits et que les parents réussissent enfin à dormir. Les études scientifiques ont maintenant prouvé que l'alimentation avec des aliments solides n'aide pas à faire dormir les bébés et qu'il n'est pas recommandé de les introduire avant six mois puisque l'appareil digestif du bébé n'y est pas encore adapté. Ainsi, il faudra vous armer de patience et apprendre à vous faire confiance dans vos choix.

Les autres enfants

Les réactions des autres enfants à l'arrivée du bébé dépendent de plusieurs facteurs, dont leur âge, leur degré d'implication, leur tempérament, la composition du milieu familial

Conseils pour faciliter l'adaptation de l'aîné

Avant la naissance

- Rassurez votre enfant en lui expliquant que son petit frère ou sa petite sœur mangera et dormira beaucoup, que vous devrez lui consacrer beaucoup de temps, mais qu'il y aura encore amplement d'amour et de temps pour lui.

- Impliquez votre aîné en l'emmenant à une rencontre prénatale ou à un examen de routine afin qu'il entende le cœur du bébé ou le voit à l'échographie.

- Donnez la chance à l'aîné de participer à la décoration de la chambre du bébé.

- Demandez-lui de préparer un cadeau (un bricolage, un dessin, une chanson) pour l'arrivée du bébé.

- Si votre plus vieux montre un intérêt soutenu et que vous êtes à l'aise avec l'idée, demandez-lui s'il aimerait être présent lors de l'accouchement.

- Impliquez votre aîné dans le choix d'un prénom pour le bébé (à moins que vous n'ayez déjà une idée bien arrêtée!).

- Donnez une poupée à votre enfant et donnez-lui la chance de se « pratiquer » à être un grand frère ou une grande sœur (le promener en poussette, lui changer sa couche, etc.).

- Visitez des gens qui ont eu un bébé récemment afin que votre enfant se familiarise avec le concept d'un nouveau-né.

- Évitez, si possible, d'effectuer d'autres changements importants pendant la période de transition. Ce n'est pas le meilleur moment, par exemple, pour déménager, entamer l'apprentissage de la propreté, l'inscrire à la garderie, etc.

Après la naissance

- Les visiteurs qui viendront voir le nouveau bébé apporteront tous des cadeaux... pour le bébé! Assurez-vous d'avoir des petites gâteries emballées pour l'aîné et incitez les gens à le féliciter d'être maintenant un «grand frère» ou une «grande sœur».

- En présence de l'aîné, évitez de discuter uniquement du bébé et de ses besoins.

- Faites le moins de comparaison possible entre les deux enfants.

- Feuilletez les albums de photos avec votre aîné et montrez-lui des photos alors qu'il était bébé.

- Si votre enfant régresse (suce son pouce de nouveau, mouille ses culottes alors qu'il était propre), rappelez-vous qu'un enfant qui régresse est généralement un enfant qui progresse! Aussi bizarre que cela puisse paraître, votre enfant utilise cette stratégie pour s'adapter, et donc évoluer vers le monde des grands.

→

- Consacrez un moment chaque jour uniquement à l'aîné.

- Si le bébé dort dans la même pièce que vous dans les premiers temps, l'aîné se sentira nécessairement exclu. Songez à installer un petit matelas dans votre chambre afin que l'aîné fasse lui aussi partie du «cocon» familial.

- Lorsque possible, continuez la routine établie avant la naissance du bébé, cela déstabilisera moins le plus vieux. Ainsi, si vous aviez l'habitude de donner le bain après le souper et de lire ensuite une histoire avant le dodo, il est important de continuer à le faire.

(lorsqu'un bébé naît au sein d'une famille recomposée), ainsi que le climat familial avant la naissance du bébé. Un tout-petit de moins de deux ans, un enfant de cinq ans, un adolescent et un jeune adulte réagiront d'une manière tout à fait différente.

À la naissance du bébé, le tout-petit pourrait toutefois éprouver un sentiment de perte. Il aura tendance à vouloir protéger ce qui lui appartient, dont ses parents : cette jalousie est normale dans la mesure où le comportement de l'enfant ne devient pas violent, agressif, ou destructeur. La jalousie peut être plus tardive et se manifester seulement lorsque le bébé commence à marcher et à s'approprier les jouets des autres enfants. Ceux-ci peuvent percevoir ce frère ou cette sœur comme une menace, particulièrement s'ils sont encore à l'âge préscolaire.

Il est important de conserver des moments privilégiés avec les autres enfants tous les jours, avec eux seuls, afin d'équilibrer votre présence. Inclure les autres enfants au quotidien avec le bébé – mais en évitant bien de leur donner des responsabilités d'adulte, car ils n'en sont pas. Sollicitez aussi l'aide de votre conjoint afin d'amortir le choc causé par le fait que vous êtes moins présente puisque prenez soin du bébé. Le père peut aider à minimiser les crises de jalousie que peuvent avoir les autres enfants, notamment en s'occupant d'eux activement (jouer avec eux, donner les bains, réviser les devoirs, faire des sorties à l'extérieur).

Les animaux

Certains animaux de compagnie réagissent mal à l'arrivée d'un enfant, et il faudra peut-être vous résigner à vous en départir. Il s'agit d'un choix parfois déchirant, mais inévitable. À l'instar des autres enfants, les animaux sentent qu'ils perdent leur place privilégiée auprès de leurs maîtres…

En aucun cas on ne devrait tolérer qu'un animal domestique dorme dans le (futur) lit du bébé. Ce n'est pas son territoire, et on veut aussi éviter tout risque de réaction allergique chez le bébé.

À la naissance de notre bébé, nous avions deux chats et un chien. Comme on souhaitait autant que possible limiter leur contact avec notre nouveau-né, nous avons remplacé la porte de la chambre du bébé par une porte moustiquaire. Ainsi, quand le bébé faisait sa sieste, il n'était pas enfermé seul dans sa chambre, et nous avions l'esprit tranquille !

Alison

Les animaux domestiques et les bébés

Les chiens vivent en meute et accordent une place hiérarchique à chaque membre de la famille. De là l'importance de la place qu'on leur accorde. Par exemple, place du dominant dans le lit, sur les sofas, manger en premier, etc. Le chien pourrait décider de protéger un membre inférieur (ici le bébé), mais pourrait par ailleurs montrer une agressivité de dominance envers celui-ci dans une circonstance donnée. Par exemple, le chien protège le bébé mais grogne si l'enfant touche à son bol de nourriture. Pour les chats, c'est plus souvent des agressions de peur si le chat a été mal socialisé.

Pour les animaux, un lapin noir n'est pas comme un lapin blanc, et une bicyclette en mouvement est complètement différente d'une bicyclette arrêtée. Ainsi, pour eux, un nourrisson qui dort ou gazouille, un bambin qui rampe, marche et éventuellement essaie de toucher et tirer les poils seront perçus comme des entités distinctes. L'animal pourrait avoir des réactions très différentes face au bébé s'il n'a pas été sensibilisé et socialisé à ces différences.

Dès qu'on ne peut pas travailler sur le comportement de l'animal tout en assurant la sécurité totale des individus, garder l'animal est un risque que l'on ne peut pas se permettre. C'est donc du cas par cas. Dans un premier temps, il est recommandé de consulter un vétérinaire lorsqu'un problème comportemental chez l'animal se produit. La médication peut être nécessaire pour accompagner une thérapie comportementale. Les propriétaires d'animaux doivent se sentir en contrôle de la situation, sinon le potentiel de danger est trop élevé[20].

Notes

1. Françoise Dolto. *Lorsque l'enfant paraît,* tome 3, Paris, Éditions du Seuil, 1988, p. 8.
2. *Le Petit Robert,* 1987, p. 1725.
3. David Servan-Schreiber. *Guérir,* Paris, Robert Laffont, 2003, p. 186.
4. Roberta Michnik Golinkoff et Kathy Hirsh-Pasek. *L'apprentissage de la parole. La magie et les mystères du langage pendant les trois premières années de la vie,* Paris Éditions de l'Homme, 1999, p. 34-38.
5. Dr Bergman. «Kangaroo Mother Care». En ligne (site visité en avril 2005) : www.kangaroomothercare.com/default.htm
6. Dr Aletha Solter. *Mon bébé comprend tout,* Paris, Éditions Marabout, p. 14, 79-89.
7. W. J. Millar, S. Wadhera et C. Nimrod, *Multiple Births : Trends and Patterns in Canada 1974-1990. Health Reports,* [source, fiche d'information POMBA].
8. Russell Wilkins, Christian Houle, Jean-Marie Berthelot et Nancy Ross. *Évolution de l'état de santé des enfants au Canada,* p. 2-5. En ligne (site consulté en juillet 2005) : www.isuma.net/v01n02/wilkins/wilkins_f.shtml
9. Russell Wilkins, Christian Houle, Jean-Marie Berthelot et Nancy Ross. *Ibid.*
10. Therese Gerez-Lirette, infirmière bachelière et coordonnatrice du Programme du syndrome de mort subite du nourrisson au Centre Jeremy Rill de l'Hôpital de Montréal pour enfants. *La mort subite du nourrisson, Maternité et fertilité.* En ligne (site consulté en juillet 2005) : www.petitmonde.com/iDoc/Article.asp?id=394 ; ID Rusen, Shiliang Liu, Reg Sauve, KS Joseph et Michael S Kramer. «La mort subite du nourrisson au Canada : tendances relatives aux taux et aux facteurs de risque, 1985-1998», *Maladies chroniques au Canada,* vol. 25, no 1, 2004.
11. Danielle Blanchard. *La Rubrique de l'observatoire,* (GRAVE-ARDEC), UQAM. En ligne (site consulté en avril 2005) : www.unites.uqam. ca/grave/pdf/rub%204%20observatoire.pdf%20copie
12. Rédigé par Brenda MacLean, superviseure, Programme de santé de la petite enfance. En ligne (site consulté en janvier 2006) : 72.14.207.104/search?q=cache:pvAvBbjI02sJ:www.ottawa.ca/city_se rvices/yourhealth/professionals/update/issue73fr.shtml+trucs+b%C3 %A9b%C3%A9+pleure+secou%C3%A9&hl=en&ie=UTF-8
13. Paul Cesbron, Yvonne Knibiehler. *La Naissance en Occident, Paris,* Albin Michel, coll. «La Cause des bébés», 2004, p. 273.
14. Lucien Therrien de l'organisme Repère, dont la vocation est d'assister les pères à accroître leurs compétences parentales.
15. Dominique Arama, agente de planification à la Direction de la santé publique de la Montérégie.

16. PROSPÈRE est le nom que se sont donnés les chercheurs réunis autour du thème de la paternité du Groupe de recherche et d'action sur la victimisation des enfants (GRAVE-ARDEC) de l'Université du Québec à Montréal.

17. Gilles Forget. *Images de pères : une mosaïque des pères québécois,* Institut national de la santé publique du Québec, 2005, p. 30-35.

18. Emploi, Solidarité sociale et Famille – Québec. *Conciliation travail-famille.* En ligne (site consulté en avril 2005) : www.messf.gouv.qc.ca/service-a-la-famille/conciliation-travail-famille/document

19. Isabelle Brabant. *Une naissance heureuse*, Montréal, Éditions Saint-Martin, 2001, p. 400.

20. Propos recueillis du D[re] Clothilde Francis, vétérinaire et mère de deux garçons.

L'allaitement maternel

Les bienfaits du lait maternel sont indiscutables. Le lait maternel est un aliment complet pour le bébé et l'allaitement permet à ce dernier d'avoir un contact privilégié avec sa mère. L'Organisation mondiale de la santé (OMS) recommande l'allaitement maternel exclusif, sans introduction de solides ni de lait industriel, jusqu'à l'âge de six mois, et la poursuite de l'allaitement jusqu'à un an de vie ou plus. Les cours prénatals offerts par les CSSS et les organismes privés présentent l'allaitement maternel comme étant l'alimentation par excellence pour le nouveau-né et le bébé. Les maisons de naissance et la plupart des hôpitaux favorisent l'allaitement maternel.

L'importance du soutien pour l'allaitement

L'allaitement fortifie le lien d'attachement mère-enfant et constitue la nourriture par excellence pour le bébé, cela est incontestable. Toutefois, le soutien à l'allaitement varie beaucoup d'un hôpital à l'autre, voire d'un médecin à l'autre. Le séjour à l'hôpital amène parfois la nouvelle maman à recevoir les conseils de plusieurs infirmières, chacune ayant sa méthode, son approche, et sa propre expérience. Être soutenue dès la naissance du bébé, que ce soit en maison de naissance ou à l'hôpital, par des personnes compétentes et engagées dans l'allaitement, constitue un excellent départ. Mais certaines femmes sont moins bien conseillées et se sentent bousculées. Face à l'adaptation ou à certaines difficultés au début de l'allaitement, certaines mamans peuvent douter de leur capacité à alimenter adéquatement leur bébé. Si la mise au sein est plus difficile, l'accouchée peut vivre confusion et découragement... ouvrant ainsi la porte à l'abandon précoce de l'allaitement.

Allaiter a fait partie de mon mode de vie pendant dix ans. J'ai allaité mes quatre enfants selon leurs besoins jusqu'au sevrage naturel. À l'époque, j'habitais au Saguenay où il s'était formé, en 1962, un petit noyau de femmes qui désiraient allaiter plus longtemps. Ces femmes avaient contacté des membres du groupe La Leche de Chicago afin de réussir à allaiter leurs nourrissons au-delà de l'âge de trois mois. Voilà comment cela a commencé au Québec, à une époque où les médecins encourageaient peu les femmes qui allaitaient : les mamans se retrouvaient souvent sans soutien ni conseil pertinent.

Nicole Beauregard

Selon les statistiques du gouvernement canadien en matière d'allaitement, le Québec se classe au dernier rang des provinces quant au pourcentage d'enfants de moins de deux ans qui ont été allaités, soit 56 %. La moyenne canadienne est de 73 %. La province ayant le plus haut taux d'allaitement est la Colombie-Britannique, avec 85 % des enfants qui sont allaités[1].

Entre 1982 et 1993, le taux d'allaitement a chuté au Québec. Les taux d'allaitement varient cependant d'une région à une autre et selon le lieu de naissance. Plus précisément, pour les femmes qui accouchent à l'hôpital, il est passé de 61,5 % à 48,7 %, et la durée de l'allaitement a diminué[2]. Les femmes accouchant dans les maisons de naissance ont un taux d'allaitement plus élevé, soit 90 %[3]. À titre d'exemple, les mamans ayant accouché à la maison de naissance Mimosa détenaient un taux d'allaitement de 98 % à la naissance ; six mois plus tard, 86 % de ces femmes allaitaient encore leur enfant[4]. Une étude effectuée dans la région de l'Estrie, en 1997, montre que le taux d'allaitement à la naissance – soit 69,1 % – passait à 39,8 % à trois mois, puis à 22,8 % à six mois[5].

Je crois que les femmes occidentales qui s'engagent aujourd'hui dans la poursuite de l'allaitement sont courageuses. L'allaitement maternel est un don continu et, pour bien donner, il faut aussi recevoir. Ailleurs dans le monde, dans les sociétés en voie de développement, les mamans qui allaitent font généralement partie de communautés où les notions d'entraide et de solidarité sont largement plus présentes que chez nous. Entraide au niveau des tâches domestiques, de l'éducation des autres enfants, et parfois aide à l'allaitement lorsqu'une nourrice donne le sein à des enfants qui ne sont pas les siens.

Dans les années 1960, au Québec, les femmes immigrantes étaient presque les seules à allaiter. Chez la grande majorité des « Québécoises pure laine », c'était le règne du biberon et des préparations lactées.

Encore aujourd'hui, certaines mères ne sont pas du tout soutenues par leur famille dans la poursuite de l'allaitement, mais elles persistent ! « Allaiter ? De l'esclavage. Pourquoi se donner tant de peine ? », entend-on à demi-mot, et parfois ouvertement. La nouvelle maman doit alors se justifier et se battre face à son entourage, une dépense d'énergie dont elle se passerait bien en cette période de sa vie déjà si exigeante !

Allaiter un bébé requiert beaucoup de la mère. À cet égard, nourrir un bébé au biberon est moins exigeant puisque la mère peut facilement être relayée. La nouvelle maman qui allaite doit être prête à y mettre du temps, non seulement pour les tétées, mais aussi pour régler les petits bobos courants (comme l'engorgement ou les gerçures, par exemple) et se reposer. Elle doit prendre soin de ses seins, ses «outils de travail». Toutes les femmes ne veulent et ne peuvent pas s'investir de la sorte, et le choix d'alterner préparations lactées et lait maternel, ou de ne pas allaiter, doit aussi être respecté.

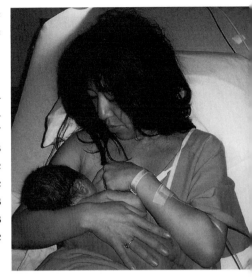

Où trouver le soutien nécessaire ?

Plusieurs études confirment la place importante du père dans le succès de l'allaitement. Les papas peuvent exprimer leur soutien en encourageant la mère à persévérer et en n'exerçant pas trop de pression. L'attitude positive du père aide la maman à garder le moral dans les moments difficiles. Le père peut aussi faciliter le confort de la mère lors des tétées ou lorsqu'elle doit allaiter à l'extérieur de la maison (au centre commercial, en visite chez de la parenté, etc.).

Certains CSSS offrent des services gratuits de halte-allaitement. Sur place, des infirmières et des marraines d'allaitement guident les nouvelles mamans dans leur apprentissage de l'allaitement. Elles répondent aussi aux questions en rapport avec la santé du bébé et de la mère. Au besoin, elles peuvent les aiguiller vers un autre professionnel de la santé. Certaines haltes-allaitement offrent des ateliers de façon ponctuelle : massage du bébé, pose du siège d'auto, etc. Les haltes-allaitement sont des lieux d'échange et de partage avec d'autres mamans qui vivent la même adaptation. Il est toujours bon d'entendre qu'on est pas tout à fait seule à se questionner, à douter, et à être fatiguée !

Les jours qui ont suivi mon retour de l'hôpital, notre bébé buvait très souvent (à toutes les heures et parfois plus) et j'avais mal aux mamelons. J'appréhendais la prochaine tétée, mais Gérard m'a encouragée : «Lâche pas, tu es belle quand tu allaites, et Florent est heureux au sein.» S'il n'avait pas été aussi déterminé à ce que j'allaite, dès le début, j'aurais peut-être abandonné au bout des deux premières semaines. J'ai persisté, mes seins se sont habitués à leur nouvelle fonction et j'ai allaité mon fils jusqu'à l'âge de onze mois.

J'ai nourri au biberon mes deux premiers enfants et allaité ma plus jeune lors de mon séjour à l'hôpital. Malheureusement, j'ai éprouvé des difficultés dès le début de la mise au sein, la succion de mon bébé était inefficace. À l'époque, le soutien à l'allaitement n'était pas ce qu'il est aujourd'hui : j'ai dû cesser d'allaiter, à regret. Si j'avais eu une marraine d'allaitement, mon expérience aurait été autre, c'est certain. Même si l'allaitement de ma fille fut de courte durée, j'ai remarqué une nette différence : l'allaitement était comme une prolongation de ma grossesse.

Gladys Quintal
Directrice générale de la Maison de la Famille de Brossard

Il existe aussi d'autres groupes d'aide à l'allaitement. La Ligue La Leche (présent dans plusieurs pays et à travers le Québec) offre des séances d'information, une ligne d'écoute et de soutien téléphoniques ainsi qu'un service de documentation sur l'allaitement. Quant à Nourri-Source, présent dans plusieurs villes du Québec, cette organisation mise sur le jumelage avec une marraine d'allaitement qui offre du soutien et des conseils. Nourri-Source organise également des réunions et des formations en allaitement et a mis sur pied des haltes-allaitement.

En plus des organismes comme La Ligue La Leche et Nourri-Source, votre CSSS local est en lien avec des groupes de soutien à l'allaitement locaux. Ainsi, vous pouvez être jumelée avec une marraine dès votre grossesse ; vous aurez ainsi une longueur d'avance, car lorsqu'on a déjà établi un contact en prénatal avec une marraine d'allaitement, on obtient plus rapidement des conseils et du soutien à l'hôpital après la naissance ou au retour à la maison. Et on sait à quel point les heures comptent lorsqu'on éprouve des difficultés ou des inquiétudes lors des débuts ! Une marraine disponible au bout du fil peut faire toute la différence entre persister ou abandonner l'allaitement.

Les marraines d'allaitement agissent bénévolement. L'apport de leur travail est peu connu par le grand public, mais il est inestimable. Denise, une infirmière à la retraite, m'a énormément aidée les jours suivant mon retour de l'hôpital. Ses connaissances et son aide, conjuguées au soutien de mon conjoint, m'ont permis de persévérer et d'allaiter mon fils avec succès.

Mise en route de l'allaitement

À la naissance, le bébé voit jusqu'à 45 centimètres. Son regard est attiré par les tons de rouge et les formes rondes. Ses petits poings, qu'il peut approcher de son visage, sont imprégnés de l'effluve du liquide amniotique. Les heures suivant l'accouche-

ment, cet effluve se dégage des glandes de Montgomery, situées autour de l'aréole du sein : elles aident bébé à trouver le chemin vers sa nourriture. Il se dirige donc instinctivement vers notre mamelon…

Le lait maternel se modifie selon l'âge du bébé, selon le moment de la journée, ainsi qu'au cours d'une même tétée. Le colostrum, le « premier lait » qui nourrit bébé durant ses trois ou quatre premiers jours de vie, devient ensuite le lait de transition. Le lait maternel est facilement digéré par le bébé (dont l'estomac, à la naissance, a la taille d'une noix) et il lui fournit des anticorps, absents des laits industriels. Au bout d'un mois, il se transforme en lait mature qui changera encore, quoique de façon moins rapide, tout au long de la poursuite de l'allaitement. Le lait mature contient beaucoup d'eau en début de tétée, apaisant ainsi la soif du bébé, puis devient plus riche en lipides et protéines.

L'important, dans les premiers jours, est que la mère stimule la production lactée en mettant le bébé au sein aussi souvent que possible. La montée de lait, qui apparaît généralement entre le 3e ou le 5e jour, est spectaculaire. Les seins grossissent comme jamais auparavant, et ils durcissent. Environ 80 % des femmes ressentent un inconfort, voire une sensation de douleur aux seins, surtout durant la première semaine d'allaitement, aux premiers mouvements de succion du bébé. Après, l'allaitement n'est pas censé être douloureux[6].

Durant la tétée, le confort de la mère est essentiel : le dos et les bras doivent être bien soutenus (sur des coussins, des oreillers, un coussin d'allaitement) afin d'éviter une fatigue musculaire, principalement au dos et aux épaules. Se sentir à l'aise, confortable (émotionnellement et physiquement) sont les critères principaux pour la mère. Certaines préfèrent se retirer dans un endroit calme pour allaiter tandis que d'autres allaitent en groupe. Couvrir légèrement son sein et la tête du bébé durant la tétée en public est aussi approprié que ne pas le faire. Encore une fois, chaque femme est la seule juge !

Un début difficile?

L'allaitement demande une période d'adaptation de la part de maman et de bébé. Certaines mamans mettent plusieurs semaines avant de trouver leur rythme et surmontent des difficultés (crevasses, gerçures, engorgements, etc.) pour ensuite poursuivre l'allaitement pendant douze, dix-huit mois ou plus. Au début, les mamelons seront souvent très sensibles. Quoi de plus normal? Ils n'auront probablement jamais été aussi souvent stimulés sur de si longues périodes! Les premières semaines sont généralement les plus exigeantes pour la maman; après, les tétées du bébé deviennent plus régulières et la production lactée se stabilise.

Le réflexe de succion du bébé atteint son maximum les heures après l'accouchement. La plupart des femmes croient, à tort, que si elles n'arrivent pas à allaiter immédiatement après la naissance ou les jours suivants, elles doivent abandonner, que c'est la fin. Le cas type du bébé maussade qui se fâche aussitôt qu'on le met au sein cause souvent un abandon rapide de l'allaitement: il vaut la peine d'évaluer s'il est bien positionné, si les seins sont engorgés (il est plus ardu pour le bébé d'aller chercher ce dont il a besoin dans un sein trop engorgé, d'où sa colère…), ou si l'état physique et psychologique de la mère est en cause.

Certaines femmes manquent parfois de lait dans les premiers jours; cela est en partie attribué à l'état émotif de la mère et à sa fatigue: plus elle est anxieuse et fatiguée, plus la régulation de la production lactée sera compromise. Il est aussi possible que des débris placentaires dans l'utérus retardent le processus de lactation. Une femme souffrant de diabète de type 1 peut aussi voir sa lactation retardée. Un séjour à l'hôpital du nouveau-né ou de la mère peut retarder la bonne mise en route de l'allaitement. Toutefois, on peut continuer à stimuler les seins et à extraire du lait pour maintenir la production lactée.

Une relactation est possible jusqu'à quelques semaines *post-partum*. Toutefois, il est recommandé d'être épaulée par une professionnelle (médecin, sage-femme, infirmière, consultante en allaitement) pour nous guider dans ce procédé. Une lactation tardive est possible (par exemple lorsqu'une femme décide d'allaiter quelques jours ou semaines après la naissance), mais elle devient plus difficile au-delà de deux mois, car il se produit alors une involution mammaire partielle ou complète, et les tissus glandulaires aptes à produire le lait disparaissent[7]. Pour les mères de bébés adoptés qui tentent de mettre en route la lactation : ce processus est possible, mais il requiert la supervision d'une professionnelle.

Dans certains cas, le bébé ne parvient pas à boire au sein, soit pour des raisons physiologiques (torticolis ou blessure à la naissance), soit parce qu'il est endormi ou nerveux, qu'il a une succion faible ou paresseuse, ou qu'il positionne mal sa langue. La maman a grand intérêt à rechercher de l'aide auprès de personnes expérimentées si elle souhaite débuter l'allaitement ou le poursuivre.

Bien conseillée et entourée – et si elle le désire vraiment – une femme peut, dans la majorité des cas, mettre en route l'allaitement du bébé au cours des premières semaines. Entre-temps, un bébé qui perd trop de poids devra recevoir des compléments (lait artificiel) si la maman n'arrive pas à tirer son lait ou à en tirer en quantité suffisante.

Le traitement au violet de gentiane était efficace contre le muguet, mais salissant ! La première fois, j'ai taché tous nos vêtements, une serviette et le plancher de la cuisine. Il y en avait partout ! Par la suite, je m'installais dans la salle de bains avec des « guénilles », et j'allaitais le bébé nue (et lui en couche).

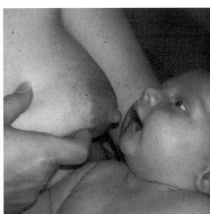

Ève

Un bébé se fait badigeonner la bouche de violet de gentiane.

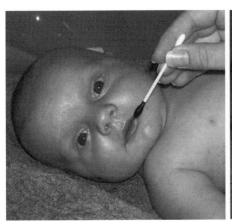
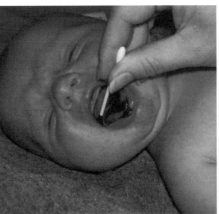
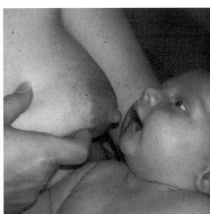

Les problèmes les plus fréquents

Gerçures et crevasses

Des fissures et des rougeurs apparaissent sur le mamelon et l'aréole. Celles-ci sont causées par un mauvais positionnement du bébé lors de la tétée. Il faut corriger le problème sans faute car la situation peut s'aggraver rapidement.

- Assurez-vous que votre mamelon est bien positionné et que la bouche du bébé couvre une partie de l'aréole.

- Après l'allaitement, humidifiez vos mamelons à l'aide de quelques gouttes de votre propre lait et laissez sécher vos seins à l'air libre.

- Employez une crème à base de lanoline.

- Évitez les produits parfumés et à base d'alcool qui assèchent et diminuent l'élasticité de la peau.

Engorgement

On dit qu'un sein est engorgé lorsque le lait ne s'écoule plus du mamelon. Ce blocage est généralement causé parce que le sein est resté trop plein sur une longue période ou qu'il a été comprimé (soutien-gorge ou porte-bébé). La congestion d'un canal entraîne de petites bosses dures et douloureuses au toucher.

- Ne portez pas de soutien-gorge ou évitez d'en porter un avec armature.

- Laissez votre bébé téter un sein jusqu'à ce qu'il soit vide avant de passer à l'autre sein.

- Appliquez des compresses chaudes ou froides sur le sein après les tétées.

- Massez votre sein à l'aide de mouvements circulaires juste avant et pendant la tétée.

- Prenez une douche ou un bain.

- Offrez souvent le sein au bébé.

- Couchez le bébé sur un lit ou une surface plane et allaitez-le en vous plaçant à quatre pattes au-dessus de lui. Cela facilitera l'écoulement du lait.

- Reposez-vous. Un engorgement dure généralement moins de 24 heures.

Mastite

Dans les cas où il y a une rétention de lait, une infection bactérienne dans le sein peut causer une mastite. On observe les symptômes suivants : fièvre élevée, fatigue, frissons, sensation de grippe, sein douloureux, sensible et rouge.

- Reposez-vous.

- Ne portez pas de soutien-gorge.

- Appliquez des compresses chaudes sur le sein.

- Donnez le sein malade au bébé pour favoriser la décongestion. Si c'est trop difficile et douloureux, donnez à boire avec le sein le moins sensible, mais tirez tout de même votre lait manuellement ou avec un tire-lait.

- Prenez de l'acétaminophène pour soulager la douleur et abaisser la fièvre.

- Buvez beaucoup.

- Si la fièvre dure plus de 24 heures, consultez un professionnel de la santé.

Muguet

Le muguet est une infection à champignons (*Candida albicans*) qui se caractérise par une douleur soudaine (une sensation de brûlure ou de picotement) pendant la tétée. Contrairement aux gerçures et aux crevasses, la douleur ne disparaît pas après le boire. Des taches blanchâtres apparaissent sur la langue et l'intérieur de la bouche du bébé et celui-ci peut manifester une difficulté ou un refus de téter. Puisque le champignon passe dans le système digestif du bébé, celui-ci sera porté à avoir de l'érythème fessier (boutons rouges).

- Consultez un professionnel de la santé, qui vous prescrira un traitement au violet de gentiane ou un onguent à appliquer après chacune des tétées.

- Rincez vos mamelons avec de l'eau et laisser-les sécher à l'air libre après chaque boire.

- Tirez votre lait, si vous en avez l'habitude, mais ne le conservez pas car il pourrait causer une nouvelle infection. Stérilisez votre tire-lait après chaque utilisation.

- Stérilisez les tétines, les suces, les anneaux de dentition et les jouets.

- Lavez les compresses d'allaitement à l'eau chaude.

- Lavez-vous les mains fréquemment.

- Intégrez du *Lactobaccilus acidophilus* à votre régime alimentaire. Ces « bonnes » bactéries aideront votre système à contrôler la propagation des champignons.

- Éliminez le sucre, les suppléments, les mets contenant de la levure et les aliments très raffinés de votre alimentation

Il est très important de consulter rapidement un professionnel de la santé lorsque des problèmes liés à l'allaitement persistent : engorgement sérieux, mastite, muguet, etc. Des médicaments sont parfois nécessaires pour la maman ou le bébé.

Stimuler ou diminuer la production de lait

Allaiter exige beaucoup de constance : puisque la production lactée obéit à la loi de l'offre et de la demande (plus le bébé boit, plus le corps de la mère produit de lait), le bébé et la mère s'habituent à un rythme et tout changement doit se faire en douceur, autant que possible. C'est pourquoi il n'est pas recommandé d'enlever plusieurs tétées de suite ou d'effectuer un sevrage brusque. De même, une femme ne peut pas jouer au yo-yo avec l'allaitement : par exemple ne pas allaiter pendant une journée puis reprendre le lendemain, puis arrêter une autre et reprendre, etc. La femme risque alors de souffrir d'engorgement, ce qui est gênant (et douloureux) et peut empêcher le bébé de bien boire par la suite.

Si vous désirez diminuer votre production de lait, il existe différentes façons de procéder. On recommande par exemple à la mère de boire moins de liquide ou de manger certains types d'aliments qui réduisent la production de lait (persil, oseille, sauge, chou). De plus, la maman devrait éviter de tirer son lait puisque cela stimule la production.

La meilleure façon d'augmenter la production de lait est de mettre le bébé le plus souvent au sein... et de s'assurer que celui-ci tète correctement ! À la femme qui veut augmenter sa production, on recommande de boire beaucoup, de se reposer et de tirer son lait entre les boires.

Dans le commerce, on trouve certains produits naturels (tisanes, gélules) qui contribuent à augmenter et à maintenir la production lactée. Malgré la croyance populaire à ce sujet, la bière n'est pas une boisson recommandée pour augmenter la production lactée. Ce serait plutôt le houblon (présent dans

Il y a des bébés qui, comme les adultes, prennent leur temps pour boire et manger. C'est le cas des bébés allaités. Il faut oublier tout concept d'horaire et de durée des tétées, et y aller selon les besoins du bébé.

Naznin Hébert
infirmière et consultante certifiée
en allaitement

la bière et riche en vitamines du complexe B) qui aurait un impact positif sur la production lactée. Le houblon peut être consommé par la mère sous forme de capsules ou en tisanes. Toutefois, de la détente, une saine alimentation, et un grand soutien de l'entourage peuvent aussi aider la production lactée.

La fréquence des boires

L'allaitement à la demande peut décourager certaines mères, qui se sentent alors coincées. «*Je passe la journée à faire ça, rien que ça.*» Un bébé nourri au sein a souvent des tétées plus rapprochées qu'un bébé nourri au biberon, car le lait maternel se digère plus rapidement que le lait artificiel. Le bébé allaité éprouve aussi un grand bien-être au contact de sa mère durant l'allaitement, et il le prolonge en somnolant au sein ou tout simplement en tétant «pour le plaisir».

La «règle» des tétées toutes les quatre heures n'est donc pas toujours applicable au bébé allaité. D'ailleurs, cet horaire d'alimentation (aux quatre heures, six fois par jour) a pris naissance à la suite des observations des médecins peu après l'avènement des préparations lactées, dans la première partie du XXe siècle, et ne correspond pas nécessairement aux besoins des bébés allaités. Les médecins de l'époque avaient observé que les bébés nourris aux préparations buvaient davantage que les bébés allaités car l'ouverture des tétines des biberons était trop grande. Ils craignirent alors des surcharges alimentaires et des problèmes digestifs : ils imposèrent donc des mesures et des horaires pour les tétées, l'alimentation au biberon «à la demande» n'ayant aucun sens[8].

Durant ma grossesse, j'ai entendu maintes fois les éternels : «un bébé, ça dort» et «un bébé, ça boit aux quatre heures». Quelle surprise face à mon nouveau-né qui dormait peu (douze heures par jour) et tétait à chaque heure (le jour) durant ses trois premières semaines de vie. Ma marraine d'allaitement m'a heureusement rapidement rassurée : «Ton fils est ainsi, continue d'allaiter selon ses besoins, ses tétées s'espaceront dans quelque temps.»

D'autres bébés allaités boivent effectivement toutes les trois ou quatre heures, de jour comme de nuit, les jours suivant la naissance. Tout est possible : il faut demeurer à l'écoute des besoins du bébé et accepter qu'il ne soit pas réglé «comme une horloge».

Situations particulières

Alcool et allaitement

L'alcool passe librement dans le lait maternel et semble atteindre son niveau maximal environ 30 à 60 minutes après sa consommation, 60 à 90 minutes s'il est absorbé en mangeant. Des études (menées avec des échantillons de bière alcoolisée et non alcoolisée) ont montré que les bébés dont les mères avaient bu de la bière alcoolisée tétaient plus souvent mais moins efficacement[9].

Par contre, si la mère boit modérément et limite sa consommation occasionnelle à deux verres ou moins, la quantité d'alcool que le bébé reçoit n'est probablement pas nocive pour lui. On peut essayer de déterminer notre consommation d'alcool en fonction des boires du bébé. Ainsi, on recommande d'attendre deux à trois heures après avoir consommé de l'alcool avant de donner le sein.

Césarienne et allaitement

Beaucoup de mères qui espéraient accoucher par voie vaginale et qui finalement ont une césarienne craignent d'échouer à l'allaitement tout comme elles ont «échoué» à leur accouchement. Leur déception prend le dessus et elles se sentent inadéquates. Or, accoucher par césarienne ne constitue pas un obstacle majeur à l'allaitement. Le fait d'allaiter leur bébé leur permettra par ailleurs de créer des liens indispensables et de «normaliser» leur expérience d'un accouchement hyper médicalisé. Enfin, l'allaitement favorisera le processus de rétablissement de la mère puisque cela libère de l'ocytocine, une hormone qui aide l'utérus à se contracter et à reprendre sa taille initiale.

Mais lors d'une césarienne élective (planifiée) – donc sans contractions ni libération des hormones de l'accouchement –, le processus de lactation peut être retardé. Avant l'intervention, on peut informer le médecin de notre désir d'allaiter – si c'est notre souhait. Dans l'heure suivant la naissance, si tout s'est bien passé, on déposera alors le bébé à nos côtés, dans la salle de réveil, et l'on pourra faire la mise au sein.

Les bébés nés par césarienne ont été soumis à des anesthésiants et sont souvent moins éveillés et plus somnolents. Les anesthésiants (péridurale) et les calmants (Nubain, Démérol) administrés à la mère durant l'accouchement traversent la barrière placentaire. Un bébé prendrait environ 60 heures pour éliminer complètement de son système une seule injection de Démérol reçue par sa mère. Sa capacité à bien téter pourrait donc être touchée, mais cela ne veut pas dire qu'il sera incapable de téter. Il faut seulement faire preuve de patience et veiller à stimuler davantage le bébé les premières heures suivant la naissance.

Il est difficile, pour les mères qui ont eu une césarienne, de trouver une position confortable pour allaiter puisqu'elles sont reliées à une intraveineuse et qu'elles ne peuvent exercer de pression sur la plaie. On leur recommande ainsi d'allaiter le bébé allongée sur le côté, en plaçant un oreiller entre les genoux afin de diminuer la pression exercée sur les muscles abdominaux. Elle peut placer une serviette roulée devant son abdomen (au cas où le bébé donnerait un coup de pied!) et une autre derrière le dos du bébé afin qu'il maintienne sa position allongée.

L'allaitement mixte

Si on se sent trop épuisée, qu'on doit retourner rapidement au travail après l'accouchement ou qu'on éprouve des problèmes avec l'allaitement, on peut opter pour l'allaitement mixte plutôt que de l'abandonner complètement. Une maman qui allaite son bébé, *car il le faut bien*, mais ennuyée par cette «corvée», serait peut-être plus détendue en lui donnant un biberon de lait artificiel… Un moment à eux, rempli de tendresse et de complicité.

Il revient à chaque mère de juger jusqu'où elle veut et peut aller en matière d'allaitement. Tout dépend d'elle et de sa situation. Parfois, laisser le bébé quelques heures chez des proches ou à une halte-garderie est le seul moment de la semaine où la maman peut prendre du temps pour elle seule. Prendre quelques heures juste pour soi peut aider certaines mamans à décompresser de façon significative et leur permettra de regagner leur vitalité. On évite ainsi l'accumulation de tensions pouvant mener à des périodes de déprime.

J'ai allaité mes deux fils, l'un jusqu'à six mois et l'autre quatre mois. Comme je n'arrivais pas à tirer mon lait, je ne m'absentais qu'une heure et demie au maximum. C'est peu, parce que j'arrivais seulement à décompresser au bout d'une heure et quart… et il était temps à nouveau d'allaiter.

Guylaine

Mon garçon avait trois mois lorsque je suis retournée travailler et c'est mon conjoint qui a pris la relève. On est un couple moderne ! J'avais envie de continuer l'allaitement, il me semblait que c'était la meilleure façon d'alimenter mon fils et de le protéger en partageant avec lui mes anticorps. Pendant la période des Fêtes, on a donc progressivement introduit des biberons. À mon retour au boulot en janvier, j'ai dû retourner à la maison en catastrophe à quelques reprises pour allaiter et calmer le bébé (et mon conjoint !). Je continuais à donner le sein le soir, la nuit et le matin, ce qui était extrêmement exigeant, mais j'en ai retiré une très grande satisfaction, sans compter que ça me permettait de passer des moments privilégiés avec mon garçon. À mon plus grand bonheur, j'ai réussi à l'allaiter partiellement jusqu'à l'âge de dix mois.

Nicole
maman de William

Une femme ne devrait pas se culpabiliser parce qu'elle donne des compléments à l'occasion, si elle en retire des avantages bien réels pour son équilibre et le bien-être de sa famille. Les femmes qui allaitent exclusivement le font parce qu'elles y voient plus d'avantages que d'inconvénients. Celles qui décident d'allaiter partiellement leur bébé ont aussi de bonnes raisons de le faire. Chaque maman doit faire ce qu'elle considère être le mieux pour elle et son enfant.

L'allaitement mixte requiert une certaine constance de la part de la mère. Il est préférable de donner le sein à peu près au même moment, à chaque jour, pour que la production lactée se stabilise. Il vaut mieux aussi éviter de sauter plusieurs boires d'affilée (entre autres en raison des risques d'engorgement – consultez la section sur le sevrage en page 85). Comme pour le sevrage, l'on recommande d'introduire le premier biberon à un moment de la journée où le bébé est détendu et de bonne humeur. Idéalement, une personne autre que la mère donne le premier biberon au bébé. Certains bébés apprécient le débit rapide des tétines ; ainsi, la maman doit être consciente que l'introduction du biberon peut signifier la fin de l'allaitement.

Tirer son lait ou donner des préparations lactées ?

Certaines femmes ont un réflexe d'éjection très fort et peuvent faire de grandes réserves de lait maternel. Mais toutes les femmes n'arrivent pas à tirer leur lait en quantité suffisante pour fournir à la demande.

Si vous avez de la difficulté à tirer votre lait, essayez une méthode d'extraction différente ou changez de tire-lait. En effet, selon les femmes, certains modèles de tire-lait peuvent s'avérer moins efficaces. Peut-être obtiendrez-vous de meilleurs résultats avec un tire-lait électrique ou en procédant à une extraction manuelle. Renseignez-vous auprès d'une conseillère en lactation ou d'une infirmière spécialisée avant d'abandonner complètement. Certains organismes louent également des tire-lait, alors ce peut être un bon moyen d'essayer un modèle différent et voir si cela a un impact ou non.

Il faut prévoir une grande disponibilité de temps pour tirer son lait. Certaines mamans qui retournent travailler ne pourront ainsi pas envisager de tirer leur lait. Il est quand même possible de négocier avec son employeur une certaine souplesse, par exemple en lui faisant valoir qu'un bébé allaité risque beaucoup moins de tomber malade, ce qui signifie que vous aurez moins souvent besoin de vous absenter du bureau pour en prendre soin. Malgré tout, il peut être difficile aussi pour la maman de trouver un endroit discret où elle peut tirer son lait. Dans ces cas-là, l'utilisation de préparations lactées pour supplémenter le régime du bébé s'avère un choix judicieux.

Le lait artificiel a été mis au point et commercialisé dans la première moitié du XX⁰ siècle. Le travail des nourrices, une véritable tradition depuis des millénaires, est depuis devenu obsolète. Les préparations lactées ont gagné en popularité durant la Deuxième Guerre mondiale puisque beaucoup de femmes devaient travailler à l'extérieur de la maison, comme dans les usines, pour remplacer les hommes au front. Dans les campagnes, l'arrivée des préparations lactées s'est effectuée plus tardivement, mais elles ont fini par s'imposer comme dans les villes.

Même s'il ne remplacera jamais le lait maternel, le lait artificiel demeure néanmoins supérieur au lait de vache ou de chèvre pour le nouveau-né et le jeune bébé. Les laits de vache ou de chèvre sont excellents pour le veau ou le chevreau, mais pas pour le nourrisson. Ces laits sont trois fois trop riches en protéines et en sels minéraux, ce qui entraîne une surcharge du rein chez le bébé, causant des désordres digestifs. Donnés au bébé avant neuf mois, ces laits causent fréquemment de l'anémie parce qu'ils sont faibles en fer et peuvent provoquer des pertes sanguines dans l'intestin[10].

Je mettais le bébé au sein d'un côté et je pompais l'autre sein pendant qu'il buvait. Parfois, le bébé donnait des coups de pied au tire-lait ou s'arrêtait constamment pour le regarder, mais je trouvais que cette méthode était efficace et que je tirais ainsi plus de lait. J'ai aussi découvert que c'était plus facile de tirer mon lait le matin.

Véronique
maman de Joséphine

Ma mère et ma tante m'ont toutes les deux allaitée. Je suis née prématurée et rapprochée de mon frère, à peine âgé d'un an. Ma maman était fatiguée par ces deux grossesses rapprochées et j'avais beaucoup de problèmes pour téter le sein car, avec ma petite bouche, je n'arrivais pas à agripper ses mamelons pour la succion. Je pleurais fréquemment et, même si je ne perdais pas de poids, mes périodes de sommeil étaient courtes. Ma marraine venait elle aussi d'avoir un petit garçon âgé d'un mois de plus que moi. Un jour que je pleurais et que je n'arrivais pas à téter, elle m'a mis à son sein sans se poser de question, comme un geste naturel, et je ne l'ai lâché qu'après avoir été totalement rassasiée. Pourquoi ne pas donner de son lait à un enfant qui a faim ? Ma maman et ma tante étant proches, j'ai souvent été nourrie par ma marraine.

Claire Audemard
infirmière

Vous avez dit une nourrice ?

Depuis toujours, les femmes ont fait appel aux services d'une nourrice pour nourrir leurs enfants. Cette pratique, qui peut sembler étrange à nos yeux modernes, est une façon toute simple et saine de nourrir notre bébé si nous n'en avons pas la capacité. Il s'agit d'ailleurs d'une pratique qui a encore cours dans de nombreux pays en développement, où il n'est pas facile de s'approvisionner en préparations lactées ni en lait de vache ou de chèvre. De plus, il constitue une tradition sociopsychologique et il est accepté comme un geste d'amour et de protection.

De nos jours, on fait peu appel aux services d'une nourrice extérieure, mais il arrive parfois qu'une personne de la parenté ou une amie très proche se substitue à la mère si celle-ci a une santé fragile ou si le bébé est très malade. Il s'agit d'une excellente façon de contribuer au bien-être du bébé et de la famille !

Et les lactariums ?

Certains bébés hospitalisés bénéficient du lait maternel par l'entremise de dons qui sont effectués dans des lactariums. Les lactariums, qui existent notamment en France et aux États-Unis, sont aussi appelés banques de lait maternel ou « biberonnies ». Il n'existe pas encore de lactarium au Québec, mais on en retrouve un en Colombie-Britannique.

En France, les lactariums ont fait leur apparition en 1947 ; on compte actuellement vingt centres à travers ce pays. Cette pratique est encadrée par la loi et par des procédés techniques stricts pour le don et la conservation du lait. Par exemple, un arrêté fixe le prix de vente et le taux de remboursement de la sécurité sociale. La femme qui offre bénévolement son lait doit remplir un questionnaire s'assurant de sa bonne santé. Le don de lait se fait au lactarium avec les contenants et les tire-lait de l'institut[11].

Aux États-Unis, l'apparition des premiers lactariums date de 1910. Après une baisse de popularité dans les années 1980, les lactariums connaissent aujourd'hui un regain de vie. La Human Milk Banking Association of North America mentionne qu'on n'arrive pas à répondre à la demande tant elle est grande.

Le sevrage de l'enfant

Le sevrage constitue un véritable deuil pour la plupart des mères qui allaitent. C'est une autre coupure physique (et symbolique) avec leur enfant, après celle du cordon ombilical. Lorsque c'est l'enfant qui initie son sevrage, il affirme alors son indépendance face à sa mère. Ce fut le cas de mon fils, qui prit le sein pour la dernière fois à onze mois. Même si je voyais les signes avant-coureurs du sevrage (tétées de plus en plus espacées sur une période d'un mois, bébé distrait en buvant), et que j'étais prête à cette transition, j'en ai ressenti une grande tristesse... et j'ai pleuré. Comme bien d'autres mères !

Je crois que toutes les mères ressentent une forme de tristesse ou un pincement au cœur au moment du sevrage, peu importe si l'allaitement a duré quelques semaines ou plusieurs mois. Même celles qui abandonnent très tôt l'allaitement éprouvent une forme de coupure.

Lorsque c'est la mère qui initie le sevrage à contrecœur, parce qu'elle doit retourner au travail ou pour toute autre raison, c'est aussi un deuil où se mêlent parfois la déception et peut-être la colère face aux circonstances extérieures. D'autres mères, pour qui l'expérience de l'allaitement était douloureuse, pénible, ou constituait un devoir astreignant, perçoivent le sevrage comme un soulagement.

Au Québec, le long congé parental (35 semaines) et celui de maternité (18 semaines) permettent aux femmes qui y ont droit d'allaiter pendant plusieurs mois. Ce n'est pas le cas des Françaises, dont le congé de maternité est de quatre mois. Les Américaines, elles, prennent en moyenne six semaines de congé, d'où la prédominance du biberon et des laits industriels aux États-Unis.

Ceci étant dit, il n'y a pas d'âge idéal pour le sevrage. Peu importe le temps que la mère consacre à l'allaitement, il lui faudra aussi investir du temps dans le sevrage. Celui-ci ne sera pas plus simple parce que le bébé mange des solides, a atteint l'âge d'un an ou est capable de boire au verre. Tout dépend du bébé (de son tempérament et de ses habitudes) et de la mère. Il existe quand même des façons de rendre le sevrage plus harmonieux. En voici quelques-unes.

Conseils pour le sevrage

- Prévoyez un sevrage graduel étalé sur trois à six semaines. Il n'est pas recommandé d'arrêter brusquement l'allaitement, tant en raison des risques de complications (engorgements, etc.) qu'en raison du fait qu'il s'agit d'un processus d'adaptation qui sera facilité s'il se produit en douceur.

- Si possible, offrez d'abord au bébé des biberons de lait maternel plutôt que des biberons de préparation lactée. Cela lui permettra de découvrir le nouveau goût de la tétine sans en plus avoir à s'adapter au goût du lait.

- Choisissez un moment de la journée où votre production semble la moins abondante (comme en fin de journée, vers l'heure du souper).

- Introduisez un seul biberon les premiers jours et évitez de sauter plusieurs boires de suite afin de permettre à votre production de s'ajuster (vous éviterez ainsi des problèmes d'engorgement).

- Choisissez un moment de la journée où le bébé est détendu et de bonne humeur. Il ne sert à rien de commencer le sevrage avec un bébé qui pleure beaucoup ou avec un bébé enrhumé.

- Confiez la tâche du biberon à une autre personne (votre conjoint) dans les premiers temps. Le bébé se montrera plus réceptif s'il ne perçoit pas votre présence ou votre odeur à proximité.

- Installez-vous dans un endroit différent que celui privilégié pour l'allaitement. Si vous tentez de donner le biberon au bébé dans la chaise berçante où vous l'allaitez habituellement, le bébé s'attendra plutôt à être allaité.

- Si le bébé refuse catégoriquement de prendre le biberon, n'insistez pas. Recommencez l'expérience le lendemain.

- Vous pouvez aussi introduire le gobelet plutôt que le biberon (cela dépend bien sûr de l'âge du bébé). Certains bébés se montrent ainsi plus réceptifs, et cela évite d'avoir à effectuer un autre sevrage dans les mois à venir (certains bébés s'attachent à leur biberon comme à une suce !).

- Évitez de sevrer le bébé pendant une période de grands changements (déménagement, voyage, séparation, etc.).

- Soyez attentive aux signaux que vous envoie votre bébé. S'il semble distrait au sein, qu'il réclame moins souvent la tétée, il se peut qu'il soit prêt à entamer son sevrage.

Biberon et suce

Boire au biberon (ou téter une suce) semble être la norme et un «passage obligé» dans la vie d'un enfant. En effet, en Occident, biberon et bébé sont fortement associés. Vous auriez ainsi beaucoup de difficulté à trouver, dans le commerce, des cartes de souhaits, du papier d'emballage, des sacs-cadeaux ou des accessoires de bébé représentant une mère qui allaite son enfant. À part les reproductions des toiles des Grands Maîtres, qui de tout temps ont peint la femme donnant le sein, que des biberons. De la même façon, les émissions télévisées pour tout-petits montrent surtout des parents donnant le biberon.

Comment alors ne pas être surpris des réactions de certaines personnes face à l'allaitement d'un jeune enfant? Une maman qui allaite un poupon de trois mois, c'est charmant, mais celle qui allaite un enfant d'un an et demi perçoit de l'agacement, de l'incompréhension ou de la réprobation dans le regard de la majorité. Pourtant, ces mêmes gens s'attendrissent face à un enfant de deux ans qui boit encore au biberon ou qui tète une suce…

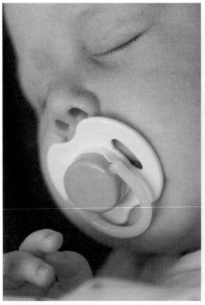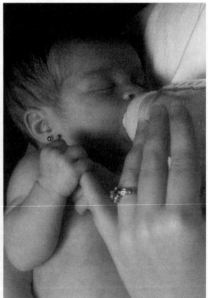

Certains bébés ont réellement besoin de téter plus que d'autres (ça peut être le cas par exemple des bébés aux besoins accrus – High Needs Babies). Il peut alors sembler judicieux de satisfaire son envie de téter en lui offrant la suce. De nombreux parents y trouvent du soulagement dans un premier temps (bébé est tranquille), mais plusieurs le regrettent par la suite. Téter une suce représente beaucoup de travail au niveau de l'hygiène. Il faut constamment la nettoyer car elle se retrouve à plusieurs endroits : le plancher, les tables, dans la bouche d'un autre enfant, et elle accumule souvent les sécrétions nasales de l'enfant. Les parents tentent habituellement d'initier le sevrage de la suce alors que le petit a deux ans, se trouve en pleine phase du «non», au moment où l'on amorce souvent l'apprentissage de la propreté, et parfois au moment de l'arrivée d'un petit frère ou d'une petite sœur. Beaucoup de changements à l'horizon dans la vie du petit, qui peut s'accrocher davantage à la suce. Une maman me disait : «Le sevrage de la suce chez un enfant est difficile, je crois qu'il se compare aux efforts d'un adulte qui essaie d'arrêter de fumer».

L'important, c'est de s'assurer que l'introduction du biberon ou d'une suce répond véritablement à un besoin de l'enfant ou à un désir des parents, et non pas à des pressions de l'extérieur.

> À chaque fois que notre bébé pleurait le moindrement, ma belle-mère s'empressait de nous dire que le bébé avait envie de téter et qu'on devrait lui donner une suce. C'est pourtant vrai qu'il avait envie de téter... C'était un bébé naissant et il avait faim !
>
> *Tara*

Ne pas allaiter

Certaines femmes choisissent de ne pas allaiter. Ce choix se fait parfois dès la naissance. On prescrit alors des médicaments pour stopper la production du colostrum et la future montée de lait. Parfois, la mère allaite pendant quelques jours, mais abandonne avant le premier mois de vie de l'enfant. Fatigue, inconfort, problèmes (gerçures, engorgements, crevasses, etc.), manque d'intérêt, conjoint mal à l'aise face à l'allaitement, un proche qui insiste pour donner le biberon, ou le retour au travail rapide de la maman sont les raisons principales.

Il y a 20, 30 ou 40 ans, les bébés nourris aux préparations lactées étaient la norme dans les pays industrialisés. Les femmes qui allaitaient étaient marginales. Depuis le regain de popularité de l'allaitement maternel, les mentalités sont inversées : les mamans qui n'allaitent pas se sentent parfois jugées négativement, dévalorisées.

Les femmes qui n'allaitent ne sont pas pour autant de mauvaises mères, des mères moins bien attentionnées. La maman qui n'allaite pas a droit au respect de son choix et au soutien dont elle a besoin, au quotidien.

Notes

1. Santé Canada. *Les indicateurs de la santé périnatale au Canada, Section B : Indicateurs de la santé maternelle, fœtale et infantile, Prévalence l'allaitement maternel* 1994-1995. En ligne (consulté en mai 2005) : www.phac-aspc.gc.ca/rhs-ssg/phic-ispc/pdf/indperif.pdf

2. Ordre des infirmières et des infirmiers du Québec (OIIQ). 1998. *Allaitement maternel.* En ligne (consulté en mai 2005) : www.oiiq. org ; MSSS, 1997.

3. Ginette Bélanger. *Court séjour après l'accouchement,* Association pour la santé publique du Québec. En ligne (consulté en mai 2005) : www.aspq.org/bulletins/prscoop/vol2/vol2n2courtsejour.htm

4. Maison de Naissance Mimosa. En ligne (consulté en mai 2005) : www.mimosa.qc.ca

5. Régie régionale de la santé et des services sociaux de l'Estrie. 2002. *Allaitement maternel. Guide pratique à l'intention des intervenants et intervenantes.*Direction de la santé publique, p. 2.

6. *Idem,* p. 51.

7. *Idem,* p. 76-81.

8. Ingrid Bayot. *Éveils, pleurs et besoins du tout-petit.* Site Co-Naître, en collaboration avec Marie Thirion. En ligne (consulté en avril 2005) : www.co-naitre.net/articles/pleurs_eveil_IB. pdf

9. Louise Godin. 2005. « Drugs of abuse and alcohol », dans Lawrence et Lawrence. *Breastfeeding – a guide for the medical profession,* 6ᵉ éd., Philadelphia, Elsevier Mosby, p. 396-397. Notre traduction.

10. Institut national de santé publique. 2002. *Mieux vivre avec son enfant,* p. 224-225.

11. « Le don de lait et le lactarium ». En ligne (consulté en avril 2005) : www.123boutchou.com/allaitement_lactarium.html

Les nuits
brisées

Le sommeil des nouveau-nés

L'un des aspects les plus difficiles dans la vie des nouveaux parents, c'est le bouleversement des habitudes de sommeil. Tout à coup, un bébé brise nos nuits. Comme il est impossible de faire des réserves de sommeil en prénatal, l'accumulation de nuits brisées, parfois de nuits blanches, a des conséquences sur le niveau d'énergie, la résistance au stress, et l'humeur de la mère – et par conséquent sur celle du conjoint et des autres enfants.

Le sommeil du nouveau-né dépend totalement de son horloge interne et il peut varier d'une journée à l'autre – d'où l'impression de chaos pour les parents face au nouveau-né durant les premières semaines de vie[1]. Les nouveau-nés dormant six heures d'affilée sans se réveiller (ce qui est considéré comme «faire ses nuits») sont *très* rares. On voudrait

tous, dès les premières semaines de vie, que bébé dorme la nuit quand *nous* avons besoin de sommeil, mais c'est l'adulte qui doit s'adapter au sommeil du nourrisson – et non l'inverse. Car le nouveau-né ne vit pas selon notre rythme circadien (régulé par le jour et la nuit) avant l'âge de deux ou trois mois.

Durant les trois premiers mois de vie extra-utérine, qualifiés par certains chercheurs de *quatrième trimestre*, le nouveau-né vit encore en rythme ultradien. Basé sur 25 heures – et non sur 24 –, ce rythme est aussi celui du fœtus *in utero* : il est indépendant de l'environnement externe. C'est-à-dire que, pour le nourrisson, jusque vers deux ou trois mois de vie, il n'y a ni jour

J'essaie d'aider les parents à relativiser les difficultés qu'ils peuvent éprouver en utilisant l'image suivante : « Imaginez que votre vie est comme un ruban à mesurer. Si vous vivez jusqu'à 80 ans, l'année que vous aurez consacrée à prendre soin et à allaiter votre bébé ne représentera au bout du compte que 1,25 % de votre vie… » Cela leur permet au moins de mettre leur investissement et leurs efforts en perspective.

Louise
infirmière

Le sommeil du nourrisson

- Sommeil calme : dure environ vingt minutes, pendant lequel est sécrétée l'hormone de croissance.

- Sommeil agité : dure de 10 à 45 minutes, soit 50 % à 60 % du temps de sommeil total (80 % chez les prématurés). Pendant cette phase, bébé peut se réveiller et se rendormir plusieurs fois. Bébé bouge souvent, fait toutes sortes de mimiques, dont les sourires « aux anges », et ses yeux peuvent s'ouvrir : on croit qu'il est réveillé, mais il dort.

- Éveil calme : dure environ dix minutes.

- Éveil agité : dure de quelques minutes à une heure. Arrive souvent en fin de journée et s'accompagne la plupart du temps de pleurs.

ni nuit. Son sommeil est caractérisé par des périodes d'éveil agité, qui diminuent peu à peu à partir de deux mois pour disparaître vers le troisième mois.

La phase de sommeil agité est essentielle pour le développement du cerveau du bébé, d'où l'importance de la reconnaître et de laisser dormir l'enfant autant qu'il en a besoin. On doit donc éviter de réveiller le bébé, il refermera les yeux et se rendormira. En effet, réveiller systématiquement un bébé toutes les trois ou quatre heures pour une tétée, *parce qu'il doit suivre cet horaire et qu'il s'y conformera,* peut briser inutilement son cycle de sommeil agité.

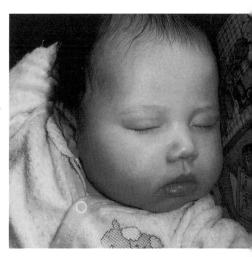

Vers trois mois, le sommeil agité du bébé se transforme en sommeil paradoxal – celui des rêves chez l'enfant et l'adulte – et le sommeil calme devient peu à peu le sommeil lent de l'adulte. C'est aussi la période où disparaît la phase de sommeil agité et où le bébé vit une poussée de croissance. Mon fils s'est mis à dormir plus longtemps le jour (deux siestes de deux heures) et à se réveiller seulement (!) deux fois la nuit pour les tétées.

Au cours de sa première année de vie, l'horaire de sommeil du bébé peut changer à plusieurs reprises. Une fois habitué à un rythme, voilà qu'il change de nouveau! Un bébé qui dort plusieurs heures d'affilée la nuit, à quelques semaines de vie seulement, ne fait pas nécessairement ses nuits. Parfois, le bébé se réveillera de nouveau la nuit simplement parce que la structure de son sommeil se modifie.

Profitons au maximum de cette période dans la vie des tout-petits, alors qu'ils demandent tant d'énergie, d'attention et d'affection de notre part. C'est une période privilégiée pour établir les bases d'un lien de confiance et de complicité. Plus tard, le bambin devient enfant puis adolescent, périodes où il désirera établir davantage des liens avec ses amis et d'autres adultes à l'extérieur du cercle familial. Oui, répondre aux besoins du tout-petit est exigeant – très exigeant! On a l'impression de donner encore et toujours, et que l'appétit affectif des enfants est sans fond. Mais ce don fait partie de l'engagement parental.

Quand bébé fera-t-il enfin ses nuits?

Voilà un sujet qui préoccupe les parents au plus haut point. Nous attendons tous *le* moment où nous pourrons enfin dormir une nuit complète. Chaque bébé est unique et a ses propres besoins de sommeil. Certains bébés font leur nuit à deux ou trois mois de façon définitive – ces parents ont de la chance! –, d'autres dormiront des nuits complètes à neuf, douze ou dix-huit mois, parfois plus. Bien sûr, tout parent qui soupçonne un inconfort ou des problèmes de santé perturbant le sommeil du bébé devrait consulter un professionnel de la santé. Certains problèmes de sommeil sont parfois les symptômes d'une maladie.

Notre entourage nous bombarde de commentaires ou de conseils: bébé *doit* dormir toute la nuit à quatre ou cinq mois, pendant «X» nombre d'heures. S'il ne le fait pas, c'est parce qu'il a faim et qu'il est temps d'introduire des aliments solides (comme les céréales) pour le calmer, que l'on doit éviter d'endormir le bébé au sein, ou réduire ses siestes durant la journée, etc.

Décider de ne plus donner le sein la nuit, de ne plus laisser bébé s'endormir au sein ou dans le lit familial relève du cas par cas. Généralement, les bébés nourris aux préparations lactées patientent plus longtemps entre chaque biberon, car les laits industriels se digèrent plus lentement que le lait maternel. Celui qui boit au sein prend ce dont il a besoin, parfois plus, parfois moins, cela varie. Il est donc vrai que plusieurs bébés allaités se réveillent plus fréquemment la nuit et «font leur nuit» plus tard.

Remplacer les tétées de nuit au sein par du lait maternel exprimé ou des préparations lactées données dans un biberon comporte des avantages et des inconvénients. C'est la nuit que le niveau de prolactine est le plus élevé et cette hormone joue un rôle clé dans la lactation. Fait intéressant: la mère qui allaite son bébé à la demande jour et nuit voit son propre cycle de sommeil se synchroniser avec celui de son enfant. Les périodes de sommeil paradoxal de la mère augmentent aussi. La maman se

Lorsque Florent se réveillait la nuit pour la tétée, je l'emmenais avec moi dans la chambre d'invités pour ne pas déranger mon conjoint. J'allumais la radio, je m'installais confortablement au lit avec mon coussin d'allaitement, et Florent buvait pendant une trentaine de minutes au son de la musique classique puis se rendormait. Il semblait apprécier. J'ai essayé de rendre les tétées de nuit les plus agréables possible et d'en faire des instants privilégiés: des moments à nous, dans le silence de la nuit.

retrouve donc souvent en phase de sommeil léger, comme le bébé, et l'effet de la prolactine lui procure un sentiment de bien-être et de détente qui aide à l'endormissement.

Lorsque le conjoint (ou une tierce personne) se lève pour nourrir le bébé la nuit, il n'est pas rare que la maman continue de se réveiller par automatisme, du moins au début. Les « grandes dormeuses » peuvent rapidement ne plus se réveiller aux pleurs du bébé, mais il faut généralement un temps d'adaptation pour la mère, de quelques jours à quelques semaines.

Si bébé n'est déjà plus un nouveau-né et qu'il n'a pas encore commencé à boire au biberon le jour, il risque d'avoir beaucoup de difficulté à passer du sein à la tétine la nuit. Si bébé est habitué à trouver nourriture et réconfort au sein durant la nuit, il aura un grand choc si on lui offre le biberon, choc encore plus grand si c'est maman qui essaie de le lui donner alors qu'il cherche tout naturellement son sein.

Les besoins de sommeil varient d'un bébé à l'autre. Certains sont de « gros dormeurs » tandis que d'autres n'ont besoin que de douze heures de sommeil par jour même durant les premiers mois de vie. Si le bébé est en bonne santé, que le climat familial est adéquat, et que l'équilibre physique et psychologique des parents est stable, il n'y a rien d'anormal si bébé dort douze ou quatorze heures par jour : il s'agit d'une question de tempérament. Le poids et la taille à la naissance ne déterminent pas si le bébé sera ou non un petit ou un gros dormeur. Mon fils, assez costaud à la naissance, a toujours été un « petit » dormeur et il l'est encore : douze heures de sommeil par jour suffisent, incluant sa sieste. L'arrivée d'un bébé bouscule inévitablement nos façons de faire. On peut, comme parents, décider qu'il sera « mis à notre main » rapidement car c'est à lui de s'adapter à notre monde. Mais c'est aller contre nature. Inutile d'essayer de « faire dormir » un bébé qui n'a pas besoin de sommeil : cela le rendra marabout. Les parents les plus obstinés l'apprennent vite et sentent qu'ils perdent le contrôle au lieu de l'obtenir.

À six mois, mon fils se réveillait toujours deux fois par nuit pour les tétées. Il buvait beaucoup le jour et il mangeait maintenant des solides. J'étais fatiguée, j'avais hâte de me reposer vraiment la nuit. J'ai appelé Denise, ma marraine d'allaitement, afin d'obtenir conseil. Elle m'a expliqué qu'un bébé fait ses nuits lorsque son développement neurologique est mature, et que l'alimenter avec des solides n'y changeait rien. Que faire ? Florent n'avait donc pas de carence alimentaire et sa santé était excellente. J'ai pesé le pour et le contre des avis divers puis j'ai écouté ma petite voix (l'intuition) : j'ai continué d'allaiter. À partir de huit mois, Florent ne se réveillait plus qu'une fois par nuit. Vers dix mois, la dernière tétée de nuit disparut. Dix longs mois avant de dormir huit heures d'affilée ! Depuis, seules les poussées dentaires ou les petits bobos (rhumes, etc.) ont sorti mon fils des bras de Morphée.

Chaque enfant a des besoins de sommeil différents. Certains enfants semblent dormir par eux-mêmes quand ils sont fatigués tandis que d'autres ont besoin d'un petit coup de pouce car, même épuisés, ils continuent à jouer et refusent d'aller au lit : pourquoi dormir alors qu'il y a tant à découvrir ? Les parents de bébés et d'enfants débordant d'énergie doivent s'attendre à déployer plus d'efforts pour les inciter à dormir.

Il n'existe pas de formule magique pour faire dormir un enfant. Chaque enfant est unique et les méthodes proposées pour endormir ou faire dormir votre bébé peuvent ou non lui convenir. Déterminez votre niveau de confort avec une idée avant de la mettre en branle. Si une méthode ne fonctionne pas, il est inutile d'insister : changez de méthode. Enfin, faites-vous confiance et évitez de suivre les conseils de tout un chacun !

Je pense que les enfants réagissent aux humeurs de leurs parents ou aux événements de la journée. Florence avait un an et Émile trois ans lorsque je me suis séparée de mon conjoint. Il nous a donc fallu déménager. Comme Florence ne faisait pas encore ses nuits, je ne crois pas qu'il y ait eu d'impact. Ceci dit, les enfants dormaient toujours moins bien après un séjour trop court chez leur père ou lors de visites trop espacées avec lui. Nous avons ajusté la durée et la fréquence des séjours et ça va mieux.

Marie-Hélène

Conseils pour favoriser le sommeil

- Adoptez un horaire uniforme pour les dodos et les siestes (après l'âge de trois mois) ; toutefois, certains bébés prennent plus de temps avant de pouvoir se conformer à un horaire, alors demeurez flexible…

- Assurez-vous que la pièce où dort l'enfant n'est ni trop froide ni trop chaude (environ 18 °C).

- Soyez sensible aux « signes » de fatigue que vous envoie votre bébé (se frotte les yeux, bâille, pleure, se cogne ou tombe plus souvent).

- Faites jouer en continu des musiques apaisantes (bruit de vagues, musique classique) ou allumez un ventilateur, un métronome ou tout autre mécanisme qui rappelle au bébé les bruits qu'il entendait dans le ventre de sa maman.

- Choisissez un ou deux moments précis dans la journée où vous êtes fatiguée (par exemple 10 h et 16 h) et étendez-vous avec bébé afin qu'il s'habitue à des siestes à horaire fixe.

- Adoptez un «rituel du dodo». L'enfant sera réconforté par la répétition de gestes routiniers associés au dodo, et cela facilitera une perception positive du sommeil. Le rituel peut comprendre:

    - une séance où l'on berce le bébé;
    - des chansons douces;
    - des histoires;
    - un bain;
    - une collation (après l'âge de six mois) ou un biberon avant le coucher;
    - un toutou placé dans le lit;
    - une musique apaisante.

- Variez les façons dont vous endormez bébé. Ainsi, utilisez différentes stratégies (chanter, bercer, allaiter) afin qu'il ne s'habitue pas à une manière unique de s'endormir.

- Placez un objet qui porte votre odeur (une camisole, un foulard, une taie d'oreiller) dans le berceau de l'enfant.

Faut-il laisser pleurer le bébé?

Tout d'abord, il convient de nuancer. Un bébé qui pleure exprime un réel besoin. Vous ne le «gâtez» pas en répondant toujours à ses pleurs. De plus, il est maintenant bien connu qu'un bébé âgé d'un an ou moins ne pleure pas «par caprice», que ses pleurs indiquent un besoin bien précis auquel il faut répondre rapidement. Ce n'est qu'à partir d'environ un an que l'enfant associe cause et effet, et qu'il «utilise» les pleurs. Autres temps, autres mœurs: les pédiatres conseillaient aux femmes des générations précédentes (nos mères et nos grands-mères) de laisser pleurer bébé (même un nouveau-né!) pour éviter qu'il «manipule» ses parents.

J'ai essayé la méthode Ferber, où l'on laisse pleurer l'enfant pendant des intervalles de plus en plus longs : on ne le prend pas, on fait juste le rassurer. Je l'ai fait pour Émile vers quinze mois parce que je n'en pouvais plus, j'étais enceinte et très fatiguée. Ça m'a pris trois nuits. C'était horrible, il criait comme si on le brûlait vivant. Mais après trois jours, il ne s'est plus réveillé la nuit. Quand Florence a eu huit mois, je l'ai habituée a s'endormir d'elle même, pas au sein. J'ai commencé lors de la sieste. Je lui donnais dix minutes pour s'endormir avant d'y aller. Elle était très fâchée et pleurait très fort! Après trois jours, j'ai commencé à le faire pour la nuit. Elle s'endormait donc seule mais se réveillait quand même la nuit. Naturellement, j'avais ma routine du dodo : bains, pyjama, lecture, lait, dodo. Toujours dans le même ordre, toujours à la même heure. J'ai essayé de changer d'heure, mais ça n'a rien changé. J'ai essayé de les faire jouer plus longtemps dehors. Rien. J'ai essayé de couper les siestes, de les allonger. Rien. J'ai essayé de les frotter avec de la crème à la lavande, ou de la lavande dans un diffuseur. Rien.

Ils font des siestes de deux heures tous les jours et j'essaie de me reposer pendant ce temps. Florence fait maintenant ses nuits mais, depuis qu'elle les fait, c'est Émile qui se réveille. Je profite de ces nuits où je me couche à 22 h et je me lève à 6 h sans m'être fait réveiller. Elles sont rares.

Marie-Hélène

Le Dr Sears, un pédiatre américain père de sept enfants, fit circuler dans le cadre de sa pratique un questionnaire à des centaines de parents pour connaître leurs réactions lorsque des personnes leur recommandaient de laisser pleurer le bébé. Résultat : 96 % des mères répondirent que cela ne leur paraissait pas correct. Le Dr Sears, qui accorde une grande importance à l'instinct maternel, en conclut que 96 % des mères ne pouvaient avoir tort...[2] De même, laisser pleurer le bébé n'aide en rien à développer ses poumons, comme on entend encore dire.

La « méthode Ferber » citée plus haut est tirée du bestseller, *Solve Your Child's Sleeping Problems*. La méthode du Dr Richard Ferber vise à réguler l'apprentissage du sommeil : le bébé doit s'habituer à dormir seul, le plus tôt possible. Aux pleurs nocturnes du bébé, la méthode Ferber recommande aux parents d'intervenir le moins possible : espacer les visites à la chambre de l'enfant, éviter de prendre le bébé dans ses bras ou de l'allaiter, et surtout ne pas emmener le bébé dans la chambre parentale. Cette méthode a été (et est encore) fortement encouragée par certains intervenants du milieu – médecins, pédiatres, infirmières, thérapeutes, ou des membres de nos familles.

Qu'apprennent réellement les bébés qu'on laisse pleurer « pour les éduquer » ? En pleurant jusqu'au bout de ses larmes, un bébé comprend-il plutôt qu'il ne sert à rien d'exprimer un besoin, car il ne sera pas entendu ? On finit alors par brimer certaines formes d'expression bien personnelles. Combien d'efforts et d'années lui faudra-t-il ensuite pour réapprendre à les exprimer vraiment ?

De plus, la méthode, aussi simple qu'elle paraisse, n'est souvent pas aussi facile. Les bébés qu'on laisse pleurer la nuit sont souvent plus maussades et requièrent davantage d'attention le jour. Un événement imprévu comme une sieste ratée ou un vilain rhume et hop ! voilà que les réveils nocturnes recommencent.

Après qu'il aura commencé à faire ses nuits, le bébé se réveillera certainement de nouveau. Poussées dentaires et maladies tireront du lit les parents qui dorment enfin ! Le sommeil nocturne n'est pas acquis avec l'arrivée des nuits

À six mois de vie, je pleurais sans cesse au lit « pour rien ». Ma mère a appelé le pédiatre, qui lui a dit de me laisser pleurer seule jusqu'à ce que je tombe endormie d'épuisement. Après trois nuits, j'avais semble-t-il « compris » que ça ne marchait pas les pleurs. Mes parents, comme bien d'autres, suivaient l'avis des experts, probablement avec la meilleure intention du monde.

complètes du bébé, même à un âge précoce. Comme parents, préparons-nous à nous lever assez souvent durant la première année de vie de notre enfant. De même, l'entrée à la garderie, un déménagement, une séparation des parents, et tout changement majeur dans le contexte familial peut bouleverser les habitudes de sommeil du tout-petit.

Où le bébé doit-il dormir ?

Parfois, la mère dort avec l'enfant dans une autre pièce pour ne pas réveiller son conjoint lorsqu'elle allaite le bébé. Cette organisation du sommeil est adoptée par des couples sur une période allant de quelques semaines à quelques mois. Cet arrangement temporaire n'est pas rare. Peut-il briser le couple ? Encore une fois, tout dépend de chacun. La clé dans tout choix (individuel, de couple ou familial) réside dans la satisfaction que chacun y trouve, selon ses besoins, et non selon des règles strictes ou les conseils des autres. Une des aptitudes parentales la plus utile est la souplesse : pouvoir s'adapter rapidement à différentes situations, s'engager dans d'autres avenues que celles déjà connues, et se faire de plus en plus confiance. Est-ce que dormir dans une chambre ou un lit différent du conjoint signifie qu'on l'aime moins ou qu'on ne veut plus faire l'amour avec lui ? Pas nécessairement. Et qui dit que l'amour se fait exclusivement dans une chambre à coucher ? Faire chambre ou lit à part peut devenir un arrangement qui fonctionne pour le couple, pendant un certain temps. Tout est possible.

Certains parents gardent le nouveau-né dans leur chambre durant la nuit : dans son moïse, un berceau, voire dans le lit conjugal. Il n'y a pas de règles concernant le choix du lieu où bébé fera dodo. Tout dépend de notre mode de vie familial. Certains bébés sont heureux lorsqu'ils dorment dans leur chambre, d'autres ont davantage besoin de la présence de leurs parents.

Bébé peut aussi demeurer près de nous durant la journée lorsqu'il fait des siestes. Il dormira en toute quiétude (par exemple dans la salle familiale) pendant que nous vaquons à nos activités, dans la mesure où l'environnement est calme et ne

Dormir avec mes enfants est le plus beau souvenir de ma maternité.

Élisabeth

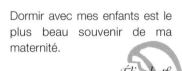

perturbe pas ses cycles de sommeil, que bébé est en sécurité et que nous ne sommes pas trop loin. Au réveil, il ne se sentira pas seul comme s'il avait dormi dans sa chambre et retrouvera plus rapidement ses repères.

Le sommeil partagé

Certains parents adoptent tout naturellement le sommeil partagé (ou cododo) de façon régulière ou ponctuelle. D'autres le voudraient mais s'en empêchent «parce que ça ne se fait pas». On rencontre fréquemment des parents déchirés entre le besoin de garder le bébé près d'eux durant la nuit et les conseils des uns et des autres, opposés au cododo. Certains parents se demandent si la cohabitation de nuit n'est pas une porte ouverte à une trop grande dépendance de l'enfant envers eux. D'autres se questionnent sur les conséquences (négatives) du sommeil partagé. Ils craignent de blesser le bébé (si ce dernier partage le lit) et y voient aussi la fin de leur intimité conjugale. Toutefois, les parents et les bébés qui ont envie d'être ensemble durant la nuit ne devraient pas s'en empêcher.

Des études soulignent les bienfaits du sommeil partagé autant pour le bébé que pour les parents. On note, par exemple, une réponse plus rapide des parents, en particulier de la mère, aux besoins du bébé (allaitement, pleurs, problèmes respiratoires, etc.) et même une diminution de la mort subite du nourrisson due à la proximité des parents et leur capacité à repérer le moindre signe de détresse chez le bébé[3]. En général, les bébés qui cohabitent avec leurs parents sont aussi allaités plus souvent et plus longtemps. En effet, la plupart des mamans qui allaitent leur enfant dorment face à lui lorsqu'ils partagent la même surface de sommeil. Cette grande proximité physique rend la mère très sensible aux besoins du bébé. Elle se réveille rapidement si le bébé est en danger. Des études suggèrent aussi que le partage du sommeil dans des conditions saines (santé physique et psychologique des parents, stabilité du couple) favorise plus tard chez le jeune adulte une meilleure estime de soi et moins d'anxiété et de culpabilité.

Nous avions prévu que le bébé dormirait dans son berceau dès sa naissance et que je dormirais, dans les premiers temps, dans le lit d'appoint à côté afin de faciliter les boires de nuit. Ce que nous n'avions pas prévu... c'est que le bébé serait incapable de bien dormir dans son berceau! On a essayé toutes sortes de choses, et il a donc passé les premiers mois de sa vie à dormir dans le siège d'auto posé à côté du lit, dans la balançoire, dans le landau, couché à plat ventre sur notre poitrine, dans un hamac!

Waheeda

L'origine du tabou face au cododo

Au cours des 500 dernières années, de nombreuses femmes de milieux défavorisés des grandes villes d'Europe ont confessé aux prêtres catholiques avoir tué leur nourrisson en l'étouffant de leur corps, afin de contrôler la taille des familles. Les prêtres les ont alors menacées d'excommunication, d'emprisonnement, d'amendes, et ont interdit les nourrissons dans le lit parental[4].

Encore tout récemment, la Société canadienne de pédiatrie recommandait aux parents de ne pas partager leur lit avec bébé. Cette décision, qui suivait de près une décision semblable émise par l'American Academy of Pediatrics, était motivée par le fait que des chercheurs avaient associé cette pratique avec le syndrome de mort subite du nourrisson. Or, selon d'autres intervenants, il n'y avait pas de recherche formelle qui indiquait ce fait et, s'il y avait eu des cas semblables, c'était surtout en raison du fait que les parents qui dormaient avec leur bébé avaient pris de l'alcool, des drogues ou des somnifères.

La Société canadienne de pédiatrie renversera donc bientôt cette recommandation controversée et émettra des lignes directrices pour les parents, notamment « de prendre certaines précautions, comme retirer les gros oreillers et les couvertures molletonnées du lit, et s'assurer qu'il n'y a pas d'espace entre le matelas et le mur ou la tête de lit où un bébé pourrait se retrouver coincé[5] ».

L'Unicef de la Grande-Bretagne recommande le cododo pour les six premiers mois de vie de l'enfant, mais à certaines conditions, semblables à celles de la Société canadienne de pédiatrie : les parents ne doivent pas être sous l'effet de l'alcool, des drogues ou de médicaments, ni fumer ; le bébé ne doit pas dormir sur un matelas mou (par exemple un lit d'eau) ou toute surface non sécuritaire comme un sofa ou un siège d'auto (à cause du risque d'obstruction des voies respiratoires).

Le cododo peut s'organiser aisément : le bébé dort dans son moïse ou un berceau durant ses premiers mois de vie, ou dans un lit à barreaux, placé dans la chambre conjugale. Il existe sur le marché des couchettes permettant le partage du lit en toute sécurité : cet accessoire se place aisément entre les deux parents. Ce genre de couchette est idéale pour le nouveau-né durant ses premières semaines de vie, avant qu'il ait la capacité de se déplacer hors des côtés de la couchette. Voilà un

Certains moïses ou petits lits d'appoint se transportent aisément et suivent le bébé lorsqu'il est en visite.

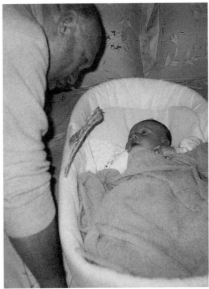 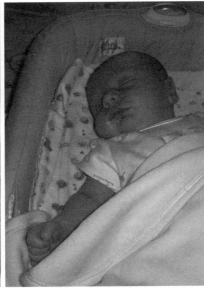

Le Dr Sears note que la plupart des enfants se « sèvrent » du lit (ou de la chambre) de leurs parents, par eux-mêmes, vers l'âge de deux ou trois ans et qu'ils n'y retournent que de façon occasionnelle lors de stress ou de grand besoin.

« L'expérience m'a appris que les enfants à qui l'on a permis le libre accès au lit familial dans la petite enfance deviennent plus indépendants et se sentent plus en sécurité… Ils [les parents] doivent créer un environnement sécurisant et favoriser l'éclosion d'un sentiment de bien-être, ce qui en retour permettra à l'enfant de se diriger tout naturellement et de lui-même vers l'indépendance[6]. »

compromis sécuritaire permettant le partage du lit sans craindre d'étouffer le bébé et sans que celui-ci ne soit gêné par les couvertures ou les oreillers.

Un sommeil partagé en toute sécurité

- Le bébé doit absolument dormir sur le dos, comme s'il dormait dans sa couchette. Cela réduit les risques de mort subite du nourrisson.

- Ne couvrez jamais la tête du bébé pendant qu'il dort (couvertes, oreillers, vêtements).

- Vérifiez que votre pied ou votre tête de lit ne comporte pas d'ouverture où le bébé risquerait de se prendre la tête (risque de suffocation et d'étranglement).

- Évitez d'utiliser des douillettes, des édredons, des oreillers ou d'autres coussins mous sur le lit.

- Le bébé ne devrait pas dormir seul dans le lit des parents.

- Assurez-vous qu'il n'y a pas d'espace entre le cadre du lit et le matelas.

- Votre lit ne doit pas être placé près de rideaux ou de stores qui comportent des cordes pendantes.

- Ne dormez pas avec votre bébé si vous avez consommez de l'alcool, des drogues ou des médicaments qui vous empêcheront de vous réveiller.

Le sommeil des parents

Les réveils nocturnes perturbent grandement le sommeil. Ce n'est pas tant le nombre d'heures dormies – dont les besoins varient d'un adulte à un autre – mais la structure même du sommeil qui est ébranlée ainsi que les périodes de sommeil. Chaque adulte a son propre rythme de sommeil : certains se sentent tout à fait reposés lorsqu'ils ont dormi six heures d'affilée. Au fil des semaines, des mois – parfois des années –, la perte des heures du sommeil fragilise la santé des parents.

Les parents, et en particulier la mère, verront leur humeur changer et leur résistance au stress diminuer grandement s'ils sont soumis à plusieurs mauvaises nuits, étalées sur des mois. Les risques de contracter des infections (rhumes, grippes, etc.) et de les voir apparaître à répétition sont aussi plus élevés.

Selon une étude effectuée au Centre du sommeil d'Édimbourg, en Écosse, certains cas de manque de sommeil chez la mère sont si importants que la conduite automobile devient comparable à celle observée après une prise d'alcool dépassant les limites légales. Selon cette étude, un tiers des 47 répondantes se plaignaient d'un repos insuffisant, 11 % mentionnaient un manque majeur de sommeil, et 58 % déclaraient éprouver des difficultés à effectuer des tâches simples pendant la journée[7].

Éviter la fatigue extrême et l'épuisement

Prendre soin du bébé, l'allaiter (la femme dépense 500 calories supplémentaires par jour), récupérer de l'accouchement (encore plus long si on a accouché par césarienne), se réveiller la nuit et vaquer à ses occupations quotidiennes... tout cela exige beaucoup de la nouvelle mère. Ces activités qui peuvent sembler faciles, voire normales, sont épuisantes. Pourquoi une si grande fatigue ? Tout à coup, on s'affaire par tranches

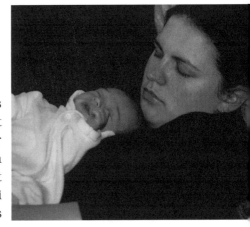

de cinq, dix ou quinze minutes au maximum : on arrive rarement à se consacrer à la même activité sur une longue période.

La fatigue extrême peut aussi conduire à des problèmes de sommeil (insomnie ou hypersomnie). Par exemple, il arrive à certaines mères de ne plus pouvoir se rendormir après la tétée de nuit, surtout si elles anticipent le réveil du bébé à l'aube.

Conseils pour combattre l'épuisement lié au manque de sommeil

- Certains médecins prescrivent des somnifères aux mamans épuisées qui n'arrivent plus à dormir (attention : les somnifères peuvent créer de l'accoutumance).

- L'exercice et les balades en plein air procurent une détente favorable pour la mère et le bébé. Une vingtaine de minutes à l'extérieur, préférablement le jour, afin de profiter de l'ensoleillement, favorisent un meilleur sommeil. S'il est plus difficile de le faire en hiver à cause de la neige ou du froid, une séance d'exercice à l'intérieur apporte aussi de grands bénéfices.

- Buvez beaucoup d'eau, surtout si vous allaitez. Parfois, l'épuisement qu'on ressent est simplement dû à de la déshydratation.

- S'il vous est impossible de vous coucher pour vous reposer, un bain chaud suffit parfois à combattre certains des effets de la fatigue extrême.

- Des tisanes à base de camomille, de valériane et de passiflore sont souvent efficaces pour apporter calme et détente avant le coucher. Mais attention, de trop fortes concentrations peuvent aussi avoir un effet sur le bébé s'il est allaité, car les tisanes, comme toutes les boissons, « passent » dans le lait maternel.

- Il est important de bien s'alimenter afin que l'organisme ait tous les nutriments nécessaires pour soutenir un niveau d'énergie optimal. Évitez donc les boissons sucrées, les mets trop gras et privilégiez les fruits, les légumes ou les céréales de grains entiers.

- Des médicaments en vente libre (à base de chlorhydrate de diphénylamine) peuvent aider à retrouver le sommeil lors de périodes d'insomnie occasionnelles. Toutefois, ils sont déconseillés lorsque la mère allaite. Et ils peuvent produire l'effet inverse chez certaines personnes : ils créent de l'excitabilité et les empêchent de bien dormir.

- L'acupuncture peut aider la maman épuisée à se détendre. En effet, le thérapeute peut évaluer l'état de santé des divers organes et entreprendre un traitement pour énergiser ceux qui sont faibles.

- La massothérapie peut aider à détendre et dénouer les muscles (voir le chapitre Santé et bien-être en postnatal).

J'ai toujours eu le sommeil très léger. Lorsque Émile est né, j'avais beaucoup de misère à me rendormir une fois réveillée. Je détestais particulièrement le boire de quatre heures du matin ; c'était la course contre la montre pour me rendormir avant qu'il ne fasse jour. J'essayais de dormir le jour quand mon mari était là, mais je n'y arrivais pas. Quand on sait que le « shift » reprend dans une heure trente, c'est dur de s'endormir. Invariablement, le bébé se réveillait dès que je finissais par m'endormir. J'ai consulté un hypnothérapeute pour m'aider à m'endormir plus rapidement et à dormir plus profondément. Ça m'a aidée. Maintenant, je fais la sieste en même temps que mes enfants.

Marie-Hélène

Se reposer le jour quand bébé dort

Ce conseil peut sembler un cliché, mais il a vraiment toute sa pertinence. L'erreur classique des mamans débutantes (et j'en faisais partie) est de se lancer dans mille et une activités, dont les tâches domestiques, une fois que le bébé dort. Erreur !

Durant les premiers mois de vie du bébé, on s'endort parfois à tout moment de la journée, sur un fauteuil ou un divan, particulièrement après la tétée, en même temps que le bébé. Le besoin de repos des mamans varie beaucoup, quoique plusieurs nouvelles mères font souvent de courtes siestes les semaines suivant l'accouchement. Et pourquoi pas ? S'assoupir 20, 30 minutes ou plus ne remplace pas une mauvaise nuit ou une série de réveils nocturnes, mais ce temps de repos recharge nos « piles » pour les quelques heures qui suivront.

Repos ne signifie pas toujours sommeil. Se reposer, dans la vie d'une nouvelle mère, c'est aussi prendre le temps de s'allonger ou de s'asseoir et ne « rien faire ». On peut s'adonner à une activité « légère », par exemple regarder un bon film, sans interruption publicitaire de préférence, ou écouter de la musique, confortable-

Au cours de ma première année comme nouvelle mère, j'ai souvent eu l'impression (surtout durant les premiers mois) d'être un casse-tête dont les pièces se dispersaient, pêle-mêle, sans jamais arriver à les replacer une fois pour toutes.

Au début, pendant les siestes de mon bébé, j'occupais ce temps par mille et une tâches, dont le ménage. Résultat : Florent se réveillait tout ragaillardi et moi… épuisée. J'avais plutôt l'impression d'avoir couru, tout le contraire de l'objectif recherché !

ment assise ou allongée. Toute activité qui nous permet de refaire le plein d'énergie plutôt que nous «vider» encore davantage est excellente. Pour certaines femmes, faire de l'exercice sera bénéfique et reposant. Même si cela peut sembler contradictoire, l'activité physique légère est source de bien-être et de détente pour ceux qui s'y adonnent. À chacune de juger du type de repos qui lui convient, mais l'important est d'en prendre autant qu'on en a besoin et selon le temps que nous laisse le bébé. Celles qui peuvent compter sur l'aide ponctuelle de leurs proches devraient privilégier le repos durant ces moments, même si cela peut être gênant, au début, de fausser compagnie aux visiteurs. Celles qui n'ont pas la chance d'avoir de l'aide chez elle ont intérêt à suivre l'horaire du bébé et à profiter au maximum de ses siestes pour se reposer.

On peut réaménager notre temps afin de s'assurer qu'une partie de la sieste du bébé sera consacrée à nous-même. Il suffit : 1) d'y consacrer au moins 30 minutes consécutives ; 2) de faire une seule activité ; 3) de changer d'environnement.

1) Un minimum de temps est requis pour entrer dans un état de détente et en profiter pleinement. Idéalement, il faut de 30 à 60 minutes pour «décompresser». Si on dispose de plus, c'est encore mieux ! Laissez le répondeur et l'afficheur téléphoniques faire leur travail de filtrage durant cette courte période : à moins d'une urgence, les gens peuvent attendre.

2) Une des compétences que développent les mères est celle d'exécuter plusieurs tâches à la fois en un minimum de temps. D'où l'importance, lorsqu'on veut se recentrer sur soi, de ne faire qu'une seule activité durant la même période – «ne rien faire» étant aussi une forme d'activité. Peu importe la nature de l'activité, elle sera satisfaisante dans la mesure où elle nous plaît, nous repose et permet de nous ressourcer.

3) Changer d'environnement lorsque bébé fait la sieste, ce peut être tout simplement aller dans une pièce qu'on ne fréquente pas souvent, allumer des chandelles ou fermer les yeux, allongée confortablement. Écouter de la musique est une belle forme d'évasion qui nous

Lorsque mes enfants étaient petits, je prenais toujours dix minutes par jour où je m'enfermais dans les toilettes, pour lire et «respirer» sans être dérangée. Dix minutes, c'est peu, mais ça faisait du bien ! Il faut absolument prendre de telles habitudes pour soi-même.

Gladys Quintal
Directrice générale de la Maison
de la Famille de Brossard

transporte loin, sans frais ni décalage horaire. Parfois, l'écho du silence est un cadeau, surtout si notre bébé a beaucoup pleuré et qu'il dort enfin. Changer d'environnement en restant chez soi, c'est aussi se replonger dans des albums de photos et se remémorer de bons moments. Si un autre adulte peut venir à la maison et y rester, une promenade ou une randonnée à vélo, seule, peut être très bénéfique.

Bien sûr, prendre du repos sera plus compliqué si un autre enfant qui ne fait plus de sieste est à la maison. Les mamans de plusieurs enfants ont souvent plus de difficultés à se reposer, surtout si l'enfant qui ne dort plus est exigeant ou encore trop petit pour s'occuper tout seul. Y a-t-il une possibilité de faire garder cet enfant, soit à la maison ou à l'extérieur, à l'heure où le bébé fait sa sieste? Ne serait-ce qu'une ou deux fois par semaine? Si non, peut-il regarder un film pendant une vingtaine de minutes, alors que la maman s'allonge ou s'assoit près de lui?

Notes

1. Claude Suzanne Didierjean-Jouveau, Jacky Israël et James McKenna. *Comment dorment les bébés, Pour ou contre le sommeil partagé,* Éditions Delin, coll. «Naître, Grandir, Devenir», 2004, p. 81-94.
2. Dr William Sears. *Que faire quand bébé pleure? Vivre avec un bébé aux besoins intenses,* Ligue internationale La Leche, 1985, p. 39-41.
3. Société canadienne de pédiatrie. «Des recommandations pour créer des environnements de sommeil sécuritaires pour les nourrissons et les enfants», *Paediatrics & Child Health* 2004; 9(9): 667-672 No de référence: CP04-02. En ligne (consulté en juin 2005): www.cps.ca/francais/enonces/CP/cp04-02. htm
4. Didierjean-Jouveau, Israël et McKenna. *op. cit.,* p. 32-33.
5. Presse canadienne (2006). «La Société canadienne de pédiatrie suscite la controverse par sa recommandation». En ligne (consulté en février 2006): www.matin.qc.ca/canada.php?article=20060213192402
6. W. Sears, M.D. *Être parent le jour... et la nuit aussi,* Ligue internationale La Leche, 1992, p. 37.
7. Dr Chantal Guéniot. *Jeunes mères recherchent désespérément le sommeil.* En ligne (consulté en avril 2005): www.doctissimo.fr/html/sante/mag_2000/mag1222/sa_3289_sommeil_enceintes. htm

Au quotidien avec bébé

Où doit-on installer bébé pendant que nous vaquons à nos activités?

La vie continue avec l'arrivée du bébé. Certes, jamais tout à fait comme avant! mais elle continue. Notre enfant fera des progrès remarquables au cours de sa première année de vie. Chaque jour apportera son *petit miracle*.

Lorsque sa sécurité et ses besoins vitaux (alimentation, sommeil, affection, etc.) sont assurés, le bébé en bonne santé s'adapte bien au train-train quotidien, à la compagnie d'autres personnes et aux activités à l'extérieur de la maison. Si trop de stimuli est néfaste, ne pas en apporter suffisamment au bébé peut le rendre marabout parce qu'il s'ennuie.

Le bébé peut nous suivre et nous observer dans nos activités à la maison. Nous voir cuisiner, coudre, nettoyer, faire de l'exercice, parler au téléphone ou faire du bricolage ne l'ennuie pas. C'est plutôt le laisser à l'écart, tout seul dans son coin, qui le frustrera et provoquera des pleurs. Je me souviens d'avoir placé mon fils (âgé d'à peine deux ou trois mois) sur le comptoir de la cuisine, assis en toute sécurité sur un siège d'appoint. Pendant que je coupais des légumes, je lui expliquais ce que je faisais, au son de la musique ou de la radio. Il essayait, à sa façon, de mêler sa voix à la mienne. Il participait à un dialogue et aux activités courantes. Il se sentait impliqué, j'en suis certaine.

De nos jours, les bébés participent de moins en moins à la vie quotidienne de la famille et de la communauté. Ils ont souvent peu de contacts avec des personnes de différents groupes d'âge. Déjà, dans certaines garderies, bébés et bambins sont regroupés par tranches d'âge : les 0-18 mois, les 18-30 mois, etc., sans côtoyer les plus jeunes ou plus âgés. À la maison, des parents croient que le quotidien ennuie les bébés et les enfants. Ils déploient beaucoup d'efforts (et d'argent) en sorties et activités alors que leur présence active avec l'enfant, dans le cadre familial, suffit.

> Les bébés trouvent ennuyeux les adultes qui ne font que les surveiller et indiscrets ceux qui s'efforcent sans cesse de se mêler à leurs jeux : ils aiment les adultes qui, près d'eux, sont normalement occupés.
>
> *Penelope Leach*
> Docteure en psychologie, chercheure et auteure dans le domaine de la petite enfance[1]

Si le bébé nous accompagne dans nos activités quotidiennes, il devra nécessairement être installé confortablement. On peut varier les positions du bébé (alors qu'il ne peut pas encore se déplacer par lui-même) afin de briser sa routine. Avant la maîtrise de la position assise et l'apprentissage de la position debout, on peut bien entendu garder bébé près de soi (bras, sac ventral ou dorsal) ou le déposer dans une balançoire, un siège d'appoint, un sautoir, un siège d'auto, ou un centre d'activités (les «soucoupes» ou tapis agrémentés d'arcs où sont accrochés des hochets).

Les porte-bébés

Le porte-bébé est un moyen fantastique de vaquer à nos occupations tout en gardant notre enfant près de nous. Cette symbiose parent-enfant fait partie des habitudes de bien des cultures dans le monde. Il en existe maintenant différents

Trois différents types de porte-bébé: le premier convient davantage aux nouveaunés; les deux autres sont parfaits pour les bébés qui tiennent bien leur tête et sont curieux du monde qui les entoure.

Quelques conseils pour effectuer le choix d'un porte-bébé

- Votre bébé grossira rapidement au cours des premiers mois : assurez-vous que le porte-bébé convient à sa taille en vérifiant sur le produit le poids maximal de l'enfant qu'il peut soutenir.

- Si vous avez l'intention de vous en servir pour des balades le jour alors que votre conjoint n'est pas présent, assurez-vous qu'il est possible de placer le bébé sans l'aide de quiconque. Pour certains modèles, il est difficile d'enfiler le porte-bébé une fois que le bébé est dedans et vice-versa !

- Si vous allaitez, songez à adopter un modèle qui vous permet de le faire facilement (un sac ou une écharpe de type hamac conviendra mieux qu'un porte-bébé fixé sur votre dos).

- Assurez-vous que la tête du bébé est bien soutenue par le porte-bébé.

- Optez pour un modèle qui vous convient. Rien ne sert d'avoir un porte-bébé avec des abris escamotables et un sac à couches intégré si vous comptez l'utiliser pour de courtes balades ou pour aller au centre commercial.

- On oublie souvent de vérifier ce détail : le porte-bébé doit être facilement lavable. Les bébés régurgitent et bavent, sans compter les dégâts causés par les couches qui débordent… Et ce conseil sera aussi utile lors d'autres achats comme le siège d'auto ou le parc, dont certains morceaux s'enlèvent difficilement ou sont carrément non lavables.

modèles, dont des sacs à dos (utiles pour les balades à l'extérieur) ou des sacs frontaux que l'on porte devant soi. Bien entendu, il convient de les utiliser avec beaucoup de prudence : si vous cuisinez, il n'est peut-être pas approprié de mettre le bébé dans un sac frontal puisque vous pourriez facilement accrocher la cuisinière ou blesser le bébé en manipulant les ustensiles et les poêlons.

Les exerciseurs

Les exerciseurs pour bébés, s'ils sont bien fixés, constituent un moyen très intéressant et sécuritaire d'avoir bébé près de vous. Il peut ainsi s'amuser librement pendant que vous faites un peu de ménage ou cuisinez. Il existe aussi des exerciseurs du type « soucoupe », où le bébé est placé au centre d'une panoplie d'objets qu'il peut manipuler. Vers l'âge de trois mois, j'ai installé mon fils dans un harnais suspendu ou sautoir (Jolly Jumper). Résultat : le bonheur total ! Il détestait rester allongé par terre, même avec des mobiles placés au-dessus de sa tête. Debout, il pouvait maintenant tout voir, comme nous. Libre de ses mouvements, il observait l'action

de la maisonnée tout en sautillant. Je profitais parfois de cette période pour faire mes exercices de remise en forme, bébé à mes côtés. Me voir bouger les bras et les jambes était le comble de la drôlerie pour lui !

Ce type de harnais est donc idéal pour de jeunes bébés, mais pas pour des nouveau-nés ni pour des enfants qui sont capables de se déplacer. Vers l'âge de six à dix mois, votre bébé pourra s'asseoir par terre et manipuler les objets, ce qui constituera de nouveaux défis. Il n'aura ainsi plus autant besoin de son sautoir et n'appréciera peut-être pas d'être ainsi retenu !

Les parcs

Les parcs sont comme de petites couchettes portatives : on peut les déplacer dans la maison afin d'avoir bébé avec nous tandis que nous faisons autre chose. Les modèles de parc récents sont assez pratiques et se transportent aisément. On peut ainsi les emporter avec nous dans nos déplacements (visite chez la parenté ou chez des amis, à l'hôtel, en camping). Le parc est un achat judicieux puisqu'il convient à votre enfant dès la naissance et peut être utilisé sans problème jusqu'à dix-huit mois et plus – ou jusqu'à ce que votre bébé découvre comment faire pour passer par-dessus les remparts !

Le parc est un endroit sécuritaire pour bébé. Cependant, n'y placez pas de jouets volumineux qui pourraient servir de marchepied et assurez-vous que le parc n'est pas placé trop près d'objets censés demeurer hors de la portée de l'enfant (par exemple, à proximité de la table de cuisine où se trouvent des couteaux…) En plaçant le parc dans la salle familiale, au salon ou dans la cuisine, cela permet au bébé d'être présent avec la famille ou avec la maman pendant qu'elle est occupée. Lorsque je revenais d'une promenade à l'extérieur et que Florent s'était endormi, j'appréciais la proximité du parc dans la salle familiale : je l'y plaçais délicatement et il continuait son dodo. Par contre, évitez de laisser votre enfant dans son parc pendant des heures, même si cela semble pratique. Le bébé a besoin d'interagir et de bouger.

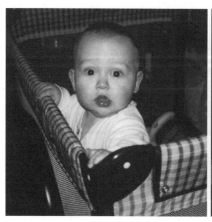 

Nous avions reçu en cadeau une balançoire et un « aquarium » Fisher-Price que l'on met dans le lit de l'enfant pour l'endormir. Ces deux appareils dévoraient à eux deux une quantité énorme de piles : quatre grosses piles D chacun ! Résultat : l'aquarium était toujours à plat, sans compter qu'aussitôt que les piles faiblissaient, il émettait des bruits qui étaient loin d'être apaisants pour un bébé. On a donc cessé d'utiliser les fonctions sonores sur la balançoire afin qu'elle fonctionne plus longtemps. Quant à l'aquarium, il est resté muet pendant de longues périodes !

Nancy

Les balançoires

La plupart des bébés aiment le mouvement oscillatoire des balançoires. Cela les apaise et, plus souvent qu'autrement, ils s'y endorment. On trouve aujourd'hui des modèles de balançoire fort pratiques qui se déplacent aisément d'une pièce à une autre. Leur alimentation se fait, malheureusement, par piles… Ainsi, optez pour un modèle le plus simple qui soit, c'est-à-dire sans musique ou lumière intégrées, car vous aurez alors l'obligation de changer très, très souvent les piles et abandonnerez peut-être son utilisation faute de pouvoir remplacer les piles assez rapidement.

Le bébé découvre son univers

Pour le bébé, tout est jeu. Dans sa première année de vie, la découverte des principes de physique (par exemple, la gravité) est passionnante : observez-le écarquiller les yeux lorsqu'il regarde tomber un objet de sa chaise haute, ou lorsqu'il le fait rouler par terre ! Le bébé découvre le monde avec un esprit qui ignore la conformité et les modèles dominants et qui demeure ouvert aux idées ou aux formes nouvelles. Il scrute le monde avec un esprit beaucoup plus ouvert que le nôtre, parce qu'il n'a pas encore intégré nos repères et nos connaissances. Les artistes peintres ou sculpteurs gardent cet état d'esprit toute leur vie. Riopelle, Matisse, Pellan en peinture, ou Daudelin en sculpture, jouaient librement avec les formes et les couleurs, sans but précis. Daudelin vieillissant a dit, alors qu'il faisait glisser à tout hasard des couleurs sur une feuille de papier : «Il faut cesser d'être des grandes personnes et prendre des âmes d'enfant pour regarder les choses sans notre bagage d'informations. Quand tu regardes un tableau, tu ne te demandes pas ce que c'est mais *as-tu du plaisir*?[2] »

Jouer avec bébé constitue une occasion unique de redécouvrir le monde avec lui : à la hauteur de son visage lorsqu'il est encore petit et porté dans nos bras, plus tard assis par terre avec lui quand il se tient assis ou debout. J'ai commencé à vraiment prendre plaisir avec mon fils lorsque je me suis mise à son niveau, *physiquement*. J'ai senti qu'il appréciait : je devenais une adulte accessible, de la même taille que lui, partageant le même terrain de jeux. Florent pouvait me regarder dans les yeux, me toucher facilement et partager une grande intimité.

Les bébés découvrent leur univers en explorant ce qui les entoure avec leurs sens. Ainsi, ils adorent toucher des textures différentes, observer les contrastes des couleurs, écouter de la musique, goûter des saveurs uniques (comme du sable !). Cela fait partie de leur développement : regarder, saisir, et mettre

dans la bouche! Le mouvement les fascine particulièrement : tout ce qui tourne, roule, rebondit, tombe, éclabousse est pour eux une source de joie profonde, surtout si ce mouvement est accompagné d'un bruit (comme le fracas d'une cuiller sur le plancher!). Bien sûr, c'est un peu plus de travail pour les parents (il faut nettoyer…) de les laisser «explorer», de les laisser donner des coups de cuiller dans la purée, mais ça vaut la peine qu'ils s'amusent à ces jeux d'exploration. Ils apprennent beaucoup.

Choisir des jouets

Comme nous passons une partie de la journée à jouer en compagnie de notre enfant, il convient d'évaluer les jouets en nous demandant s'ils représentent aussi un minimum de défi pour nous! Si nous y trouvons du plaisir, notre bébé le sentira rapidement. Lorsqu'on évalue l'intérêt d'un jouet, nous devons nous poser certaines questions : le jouet est-il sécuritaire? le jouet vieillit-il bien? Concrètement, ce jouet pose-t-il des défis au fur et à mesure du développement de l'enfant? Par exemple, un jouet dont la seule fonction est d'émettre un son lorsque le bébé appuie sur une touche (et de surcroît s'il n'y en a qu'une seule) n'est pas un jouet qui vieillit bien, car l'enfant s'en lassera rapidement.

Les jouets en soi sont inanimés. C'est la participation active d'un adulte ou d'un enfant plus âgé qui développera le plein potentiel du jouet par une dynamique interactive. Sinon, l'enfant risque de s'en lasser rapidement, peu importe la qualité du jouet. Aucun jouet ne peut remplacer une présence humaine stimulante… Ceci dit, les meilleurs jouets pour les bébés seront ceux où un minimum de participation d'un adulte est requis. Évitez donc le piège des jouets à multiples fonctions qui éblouissent lors de l'achat, mais qui ne susciteront qu'un intérêt succinct chez le bébé. Vous n'avez pas besoin de jouets hautement technologiques pour stimuler le développement du cerveau de votre enfant!

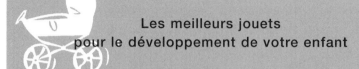

**Les meilleurs jouets
pour le développement de votre enfant**

Les magasins à grande surface regorgent de jouets attrayants et colorés pour les tout-petits. Pour quelqu'un qui ne s'y connaît pas, il n'est pas facile de déterminer ce qui convient le mieux à un bébé. On peut bien sûr se tourner vers des revues spécialisées (comme le numéro du magazine *Protégez-Vous* qui porte sur les jouets les plus récents) ou demander conseil à des gens qui s'y connaissent bien (comme une éducatrice à la petite enfance ou un parent d'enfants plus vieux). En général, les jouets « classiques » (qui sont souvent aussi les moins dispendieux !) continuent à avoir la cote auprès des bébés.

Ainsi, votre coffre à jouet devrait contenir quelques-uns des items suivants :

• Un hochet. Choisissez de préférence un hochet qui comporte des couleurs vives, des motifs variés (pois, rayures) et des textures différentes (rugueuse, soyeuse, poilue). Ainsi, en plus du bruit, votre bébé sera stimulé sur tous les plans sensoriels.

• Un miroir. Les bébés adorent observer les visages, y compris le leur ! Vous pouvez placer un miroir dans son lit ou près de la table à langer.

• Des blocs. Les bébés aiment manipuler les blocs, qui sont de différentes formes et de différentes couleurs et qui peuvent se transformer en 1001 choses (routes, tours, maisons, animaux).

Alors qu'il avait huit mois, j'ai acheté un boulier en bois sur roulettes à mon fils. À l'époque, il mettait tout dans sa bouche et découvrait les textures avec ses doigts. Plus tard, Florent a appris à compter et à reconnaître les couleurs à l'aide du boulier. Maintenant, il fait glisser les boules en créant des ensembles et il tire le jouet comme s'il s'agissait d'un petit train.

- Des anneaux. Il existe maintenant, en plus du bon vieux modèle Fisher Price avec lequel nous avons nous-même joué, différents modèles de tours à anneaux. Les anneaux sont de différentes formes et de différentes couleurs, et ils constituent en fait leur premier véritable « casse-tête » puisque l'enfant doit apprendre à les mettre dans le bon ordre.

- Des livres. Peu importe l'âge de votre bébé, il sera fasciné par les images et par l'histoire, aussi simpliste soit-elle. De préférence, choisissez des livres en tissu, en plastique ou en carton que l'enfant peut manipuler et mâchouiller sans danger.

- De la musique. Les bébés apprécient la musique classique, les comptines et les chansons douces. Munissez-vous de quelques disques pour enfant et chantez-lui souvent des chansons.

Les plats de plastique, les chaudrons et les ustensiles

Nos armoires sont beaucoup plus riches en jouets qu'on ne le pense de prime abord. Des accessoires domestiques simples, en bois ou en plastique, pourvu qu'ils soient sécuritaires, conviennent fort bien aux premiers jeux du bébé : des grandes cuillers, des passoires, des contenants. **Attention :** comme les bébés mettent tout dans leur bouche, il est impératif que nos accessoires à la maison ne contiennent aucune pièce détachable, petite, pointue ou coupante, ni de vernis ou de peinture qui s'écaille.

Pots de yogourt ou de crème glacée vides, bouteilles d'eau, ils sont excellents pour les bébés et les jeunes enfants lorsqu'ils jouent dans le sable, pour ranger des objets qu'ils auront plaisir à transférer d'un pot à un autre, pour simuler un tambour sur lequel le bébé peut frapper à l'aide d'une cuiller de bois (c'est moins bruyant qu'un chaudron), ou tout simplement pour s'amuser dans la baignoire et faire des expériences avec l'eau. On peut remplir les bouteilles en plastique vides avec de l'eau à laquelle on ajoute des colorants alimentaires : toujours impressionnant pour les tout-petits.

Lorsque le bébé est capable de s'asseoir, installez-le sur une serviette et donnez-lui une louche, une passoire et des plats avec de l'eau (ou de grosses nouilles). Bien sûr, bébé sera trempé, mais il aura un plaisir fou à transvider et à renverser les différents contenants !

Vous pouvez aussi utiliser vos différents plats de plastique pour construire des châteaux et des tours (comme vous le feriez avec des blocs) que bébé s'amusera à démolir. Enfin, vous pouvez aussi disposer des plats à l'envers et les mélanger entre eux après y avoir dissimulé un objet (comme une balle) – bébé soulèvera les plats avec émerveillement, se demandant où est la balle. Si vous possédez une essoreuse à salade, votre bébé adorera tourner la manivelle (ou tournez-la pour lui s'il est encore trop petit) et observer le mouvement de rotation de cette toupie improvisée. Vous pouvez également y ajouter une balle ou des couvercles… le vacarme sera infernal mais votre bébé sera réjoui !

Les fameuses « toupies » ! Lorsque Léo avait presque un an, nous avons passé au moins trois mois à vivre au sein des couvercles de plastique éparpillés partout dans la maison. Un de ses premiers mots a d'ailleurs été « toupie ». On s'installait par terre dans la cuisine, il sortait mes plats de plastique, et on faisait rouler ou tournoyer les couvercles pour son plus grand bonheur. Cette activité pouvait facilement durer une heure, et on y a progressivement introduit le concept des couleurs et celui des grandeurs.

Les papiers d'emballage et autres jouets improvisés

Les bébés sont absolument fascinés par les textures et les couleurs. Ainsi, vous n'avez qu'à ouvrir vos tiroirs et vous y découvrirez de nombreux « jouets » pour divertir votre bébé. Ces jouets sont également idéaux pour les moments où vous avez oublié d'emporter des jouets en visite, car toutes les armoires regorgent de ces matières premières.

Découpez ou déchirez (pas besoin de s'appliquer, les morceaux de papier se retrouveront inévitablement à la poubelle !) des morceaux de papier de différentes couleurs. Fouillez dans vos retailles de papier d'emballage (papier de soie,

Divertir bébé sans avoir de jouets

Pas besoin d'avoir des jouets pour s'amuser avec bébé. À la maison ou à l'épicerie, en attendant dans une salle d'attente bondée, on peut recourir à une variété de divertissements qui font invariablement rire bébé aux éclats. Voici quelques idées.

- Les coucous. Eh oui, ça semble simpliste, mais les coucous remportent beaucoup de succès auprès des bébés.

- Au pas, au trot, au galop. Bien installé sur notre pied ou notre genou, on tient solidement bébé et on le fait galoper à différents rythmes, comme un cheval. Succès assuré !

- La « bibitte » monte et monte ! Notre main se transforme momentanément en bibitte à pattes ; on chatouille le bébé des pieds à la tête en le parcourant avec nos doigts puis on termine avec un « la bibitte va tout manger » en lui chatouillant le ventre.

- Des grimaces. Les bébés adorent observer les expressions du visage. On amuse bébé en lui tirant la langue, en lui faisant des sourires loufoques, en affichant des airs contrarié, triste, surpris, etc.

- Le zoo. Amusez votre bébé en imitant les différents bruits que font les animaux.

- Les poches. Cachez un objet (comme un trousseau de clé, un paquet de gommes) dans votre poche de chemise ou de veste et laissez le bébé fouiller dans la poche pour trouver l'objet.

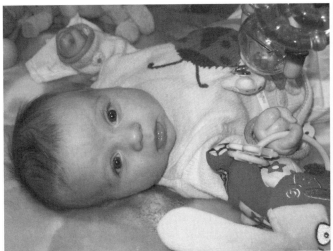

À droite, le bébé s'amuse à transvider du riz à l'aide de petits contenants. On peut faire un jeu semblable avec de l'eau... et beaucoup de serviettes !

papier métallique, papier cellophane, carton ondulé), dans vos vieux magazines à papier glacé (évitez les magazines dont le papier est de type «journal» puisque l'encre tachera les doigts du bébé). Le bébé manipulera, froissera et déchirera avec grand bonheur ces différentes textures (**attention :** il voudra certainement y goûter aussi). Des morceaux de papier collant remportent aussi un vif succès, de même qu'un bon vieux sac de croustilles ; vous verrez, le bruit et l'aspect métallique du papier raviront votre bébé.

Activités à faire lorsqu'on est seule avec bébé

La journée passée auprès de votre bébé n'est pas obligatoirement monotone. Il existe de nombreuses activités à faire avec bébé lorsque vous vous trouvez seuls. Comme on peut se sentir très isolée à la suite de l'accouchement, donnez-vous pour objectif de sortir à l'extérieur de la maison au moins une fois par jour, si la température le permet bien sûr. Vous aurez ainsi la chance de côtoyer des gens (au parc, à l'épicerie) et vous ressentirez moins les effets de la solitude.

Balades et promenades au parc

Les bébés bénéficient des balades à l'extérieur rapidement après la naissance. Toutefois, il n'est pas recommandé d'exposer un nouveau-né à des températures en dessous de −12 ou supérieures à +25[3]. Donc, en hiver, privilégiez vos sorties lorsque la température est très ensoleillée (soit l'après-midi) alors que, en été, il vaut mieux sortir l'enfant en tout début de matinée ou en fin d'après-midi pour éviter que le bébé soit exposé à un soleil trop ardent. N'oubliez pas d'appliquer un écran solaire (sauf pour les bébés de moins de six mois) lorsque vous sortez et recherchez les endroits frais et ombragés pour stationner la poussette.

N'oubliez pas de varier vos sorties. Votre bébé appréciera de se promener parfois en landau, parfois en vélo ou en sac à dos. S'il existe plusieurs parcs à proximité de chez vous, n'allez pas toujours au même. Lorsque votre bébé est capable de s'asseoir, vous pouvez l'installer dans une balançoire pour bébés (la plupart des parcs en ont au moins quelques-unes). Essayez d'aller au parc à un moment de la journée où d'autres enfants s'y trouvent ; votre bébé se régalera de leur présence !

Séances de massage

Masser bébé ne requiert pas une expertise particulière. Par contre, il faut éviter de masser l'enfant tout de suite après une tétée – à cause des risques de régurgitation. La température ambiante doit être suffisamment chaude (environ 23° C) et le bébé doit être en phase d'éveil calme s'il est âgé de trois mois

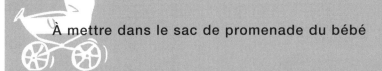

À mettre dans le sac de promenade du bébé

En tout temps, même s'il ne s'agit que d'une courte balade, emportez avec vous un sac contenant les effets du bébé.

- Biberons (si le bébé n'est plus allaité).

- De l'eau (pour vous et le bébé).

- Des couches et des lingettes humides, plus un piqué pour changer les couches et des sacs de plastiques pour ranger ces dernières. Ceci sera notamment pratique si vous devez changer bébé sur un banc de parc !

- De la pommade de zinc et de la crème solaire.

- Un bavoir.

- Mouchoirs en papier (pour éponger les dégâts potentiels ou moucher de petits nez).

- Chapeau et linge rechange.

- Les effets personnels du bébé, s'il y a lieu ; sa doudou, sa suce, son toutou préféré, etc.

- Un jouet ou deux. Il vaut mieux les varier et ne pas toujours emporter les mêmes.

- Un appareil photo pour capter tous les beaux sourires et premiers exploits de bébé !

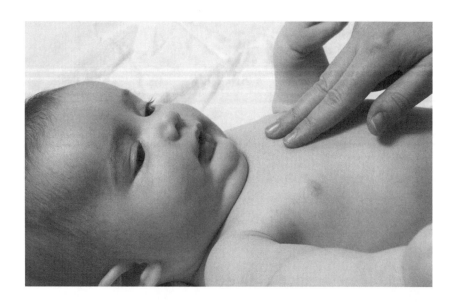

J'ai beaucoup apprécié les séances de massage avec mon fils Florent, dès les premières semaines de vie, avant le bain du soir. C'est à ce moment-là qu'il s'est retourné sur le ventre pour la première fois, à treize semaines. Il m'a ensuite regardée, surpris et fier. « J'y suis arrivé maman ! » me disait-il avec ses grands yeux.

ou moins. Les huiles de pépin de raisin ou d'amande douce conviennent tout à fait. Par contre, les préparations à base d'huile minérale sont déconseillées.

Magasinage et courses

Faire l'épicerie en compagnie de votre bébé n'est pas forcément une corvée. La plupart des épiceries ont maintenant des paniers munis de sièges pour les nourrissons (**attention** : il arrive souvent que les courroies de sécurité soient brisées par contre !). Votre bébé aime se faire promener et l'épicerie regorge de produits colorés que vous pouvez lui montrer ou qu'il peut manipuler. Prenez le temps de lui faire humer les fruits et les légumes que vous achetez, laissez-le tâter un pain ou une boîte de conserve.

La même chose va pour le magasinage. Dans les grands centres commerciaux, les parents peuvent emprunter une poussette pour faire leurs courses. La plupart des centres commerciaux comptent maintenant une halte-allaitement où il est possible de changer le bébé, de l'allaiter confortablement ou de faire chauffer sa purée au micro-ondes. Profitez-en pour vous offrir un moment de détente et accordez-vous une gâterie (un café, une crème glacée).

Cependant, la prudence s'impose! L'objectif des centres commerciaux est clair : nous faire dépenser. Du lèche-vitrine pour se changer les idées ne coûte rien, mais les chances que nous dépensions, une fois sur place, sont très élevées. On achète une collation puis on se dit, en voyant un beau vêtement : « Pourquoi ne pas me gâter un peu ? Je le mérite bien ». En sortant des magasins, on fait alors le bilan suivant : 25 $, 60 $ ou plus disparus de nos bourses ou ajoutés sur la carte de crédit, comme par magie... Il n'y a aucun mal à se faire des cadeaux à l'occasion, bien entendu, mais méfions-nous de ces sorties dont l'objectif principal est souvent, pour la nouvelle mère, de changer de décor et de voir des gens.

Loin de moi l'idée que nous devrions vivre en vase clos, complètement déconnectés des réalités commerciales. Toutefois, même si notre société est largement basée sur la consommation, nous pouvons, comme parents, réduire l'exposition de nos enfants à certaines influences. Par exemple, limiter les sorties dans les restaurants offrant à la fois des repas-minute et des aires de jeu. Les dirigeants des grandes chaînes de restauration rapide cherchent déjà à fidéliser nos bébés ; ils savent très bien que nos tout-petits, une fois devenus enfants, seront en mesure d'exercer des pressions sur nous. Pendant l'enfance, les jeunes s'habituent aux repas-minute : ils ont alors de fortes chances de perpétuer ce mode d'alimentation une fois adultes. Ai-je besoin d'ajouter que la restauration rapide favorise le développement de mauvaises habitudes alimentaires chez les jeunes ?...

Les grandes chaînes invitent souvent les clients à donner leur numéro de téléphone ou leur code postal au moment de la transaction finale de l'achat. Leur but est d'élargir leur clientèle en sélectionnant les secteurs résidentiels où seront envoyés des dépliants publicitaires. Rien ne nous oblige, comme consommateur, à laisser nos coordonnées. À la question « Je peux avoir votre numéro de téléphone ? », on est tout à fait dans notre droit de répondre « Non, je ne le donne pas ». Enceinte, j'avais rempli un coupon dans une boutique de maternité en vue d'un tirage. Trois semaines avant la date prévue de mon accouchement, je recevais par la poste des biberons et des préparations lactées sans avoir fait aucune demande de cette nature! Mes coordonnées avaient probablement été transférées à partir du coupon rempli dans la boutique de maternité...

Les nouvelles mamans s'inscrivent aux activités de notre organisme pour briser l'isolement, enrichir leurs compétences parentales, et rechercher une forme de sécurité. Un organisme comme le nôtre offre des activités pour toutes les étapes de l'évolution du rôle de parent. Le parent se sent donc accompagné et sécurisé. Des liens d'amitié se tissent rapidement lors des activités communautaires, et les mères créent ainsi leurs propres réseaux.

Gladys Quintal
Directrice générale de la Maison de la Famille de Brossard

Activités de groupe à faire avec bébé

J'ai participé avec mon fils à plusieurs activités parents-enfants dès ses premiers mois de vie. Mon conjoint se demandait parfois pourquoi j'en faisais autant à l'extérieur quand rester à la maison était plus simple! Rencontrer d'autres mamans et leurs enfants était stimulant, autant pour moi que pour mon fils qui, je le constatais, appréciait cette animation autour de lui. Je me rendais à l'activité, même fatiguée, et j'en revenais revigorée.

Comme nouvelle maman, on peut d'abord hésiter à se présenter seule à une activité parce qu'on ne connaît personne ou qu'on ne sait pas si le climat du groupe nous plaira. La plupart des mamans viennent d'abord seules, en grande partie

Les bébés qui accompagnent leur maman à des activités ont l'occasion de vivre des expériences uniques, et les mamans en retirent de véritables bienfaits! À gauche, des mamans échangent sur leurs expériences communes lors d'un atelier parent- poupon ; à droite, une maman et son fils s'amusent lors d'un cours de natation pour tout-petits.

pour briser l'isolement. Comme dans n'importe quelle activité en groupe, personne n'est assuré de s'entendre avec tout le monde, mais on rencontre presque toujours au moins une personne partageant nos goûts et nos valeurs.

Les activités offertes pour les nouvelles mamans sont de plus en plus nombreuses : matinées au cinéma avec bébé, cours de remise en forme ou yoga postnatal avec ou sans bébé : cardio-poussette, natation pour tout-petits à partir de trois mois, massages pour bébé, camp de jour pour 0 à 5 ans, ateliers parents-poupons, etc. Les CSSS ou les Maisons de la Famille offrent une panoplie d'activités et de services (souvent à frais modiques ou gratuits) pour les nouvelles mères et leurs enfants : haltes-garderies, cafés-rencontres thématiques, ateliers d'éveil précoce, ateliers parents-poupons, activités sportives, etc. Les places disponibles varient grandement selon les régions, voire les quartiers d'une même ville. Il y a parfois des listes d'attente pour certains services et activités : il est recommandé de se renseigner pendant la grossesse pour s'inscrire, si nécessaire.

Enfin, certaines femmes se rencontrent ponctuellement, simplement pour le plaisir et pour voir des gens. Aux États-Unis, ils appellent ça leur « *mommy group* ». Il s'agit souvent de voisines ou d'amies ayant des enfants du même âge. Les rencontres sont organisées de façon informelle chez l'une ou chez l'autre des participantes, et les enfants ont alors l'occasion de rencontrer d'autres enfants. Certains « groupes de mamans » sont plus structurés : on y organise une activité comme un bricolage collectif, on invite un magicien ou un musicien et on se sépare les frais, on fait une visite au zoo ou au musée, on s'inscrit en commun à une activité comme la natation. Certains groupes organisent des cuisines collectives : quelques mamans s'occupent des enfants pendant que les autres cuisinent des plats qu'elles se séparent par la suite. Les avantages des cuisines collectives sont nombreux. Entre autres, on a l'occasion de goûter à de nouveaux mets et c'est généralement moins dispendieux. Mais la plupart des groupes se contentent d'activités plus légères comme des pique-niques, tout aussi amusants et moins compliqués à organiser ! Informez-vous dans votre secteur s'il existe des groupes de mamans ou formez le vôtre.

Je me souviens, après la naissance de ma fille il y a dix ans, je faisais des cours de gym postnatale. Je crois que ces rencontres ont fait économiser des visites de « psy » à plusieurs d'entre nous ! Eh bien, je rencontre encore une fois par mois ma « gang » de l'époque, nous prenons le petit-déjeuner ensemble.

Marie-Claude Richer
Coordonnatrice chez
Premiers Pas/Home Start

Trouver du temps pour soi

Savoir faire la part des choses entre répondre rapidement aux besoins du bébé et ne pas s'oublier est difficile, on met parfois du temps à s'ajuster à notre nouvelle réalité. On entend dire qu'un bébé à qui on répond rapidement est heureux et plus équilibré. De l'autre côté on nous dit «pensez à vous, garder du temps pour soi est essentiel». Comment cela se traduit-il au quotidien?

Alors que j'animais un café-rencontre dont le thème était la gestion du temps, une jeune femme (maman d'un poupon de deux mois) s'est assise, épuisée, et a demandé au groupe: «Dites-moi comment faire pour trouver du temps à moi, ne serait-ce que pour prendre une douche!»

Elle n'est pas la seule à faire difficilement la part des choses entre répondre à ses besoins personnels de base et ceux du bébé. Je crois que ce dilemme est causé en partie, chez la majorité des nouvelles mamans, par la peur de laisser le bébé seul et qu'il se blesse, alors qu'il *aurait dû* être avec elle. Or, on peut prendre une douche ou s'adonner à d'autres activités personnelles et domestiques à la maison, quand on est seule avec le bébé, sans avoir à attendre la présence du conjoint ou d'un proche. Comme le conseillait une participante du café-rencontre, cette maman aurait pu par exemple installer son bébé par terre devant la douche, dans un siège d'auto. Elle aurait pu alors prendre sa douche, en tirant à l'occasion le rideau pour lui faire des «coucous» et lui montrer que maman était bien là. D'autres mères, au moment du bain ou de la douche, placent le bébé dans son lit ou dans un parc et emmènent avec elles l'interphone afin d'entendre le bébé. D'autres baignent le bébé avec elles. Voilà de bons compromis qui permettent à la maman de prendre soin d'elle sans négliger son enfant.

Trouver du temps pour soi exige de nous des efforts conscients. On doit revoir notre façon de faire et se rappeler que toutes les activités ou événements ponctuels ne sont pas urgents. Les stress inévitables avec lesquels on doit composer lorsqu'on a un nouveau bébé (pleurs, coliques, manque de sommeil, bobos en tous genres, etc.) sont suffisamment nombreux, essayons de réduire les stress évitables ! Faut-il, par exemple, s'imposer l'organisation du baptême du bébé très rapidement ? Se lancer dans des rénovations majeures ? Entreprendre un déménagement ? Débuter un régime ?

Trouver du temps à soi demande aussi d'avoir des objectifs réalistes : le temps disponible n'est plus le même qu'avant la naissance, et il est sage de donner la priorité à certaines activités plutôt qu'à d'autres. Une piste efficace : répartir les activités qui peuvent se pratiquer en présence du bébé éveillé et celles qui ne peuvent se faire que lorsqu'il est endormi, qu'on est seule ou qu'une tierce personne peut s'occuper du bébé. Par exemple : lire, dormir ou écouter de la musique se font mieux lorsque l'enfant dort ; mais cuisiner, faire un appel téléphonique, arroser les plantes ou jouer de la musique peuvent très bien se faire quand l'enfant est dans le sac ventral ou le porte-bébé, installé dans son siège d'appoint ou, lorsqu'il est âgé de sept ou huit mois, assis dans son parc ou par terre.

Le partage des activités quotidiennes de la mère varieront en fonction du développement du bébé durant sa première année de vie. Certains poupons dorment beaucoup durant les premiers mois, laissant davantage de temps libre à leur maman, tandis que d'autres sont de petits dormeurs. Avec l'âge, les périodes d'éveil deviennent souvent plus grandes chez la plupart des bébés. En règle générale, la mère d'un bébé allaité passera davantage de temps en présence de son enfant puisqu'elle est sa source principale de nourriture, surtout dans les premiers mois de vie s'il est allaité exclusivement.

Si l'on veut se ménager du temps pour soi, il faut parfois apprendre à déléguer. Obtenir de l'aide occasionnelle à la maison s'avérera parfois nécessaire. Une nouvelle maman peut se sentir débordée avec son nouveau bébé. Lorsque le conjoint et les proches ne peuvent être suffisamment présents au quotidien, on peut faire appel à des ressources extérieures. Par exemple, si les parents peuvent s'offrir des services d'aide ménagère, cet « extra » sera fort apprécié. L'aide offerte gratuitement ou à coût modique aux nouveaux parents est variable selon les villes et les régions. La première porte d'entrée est souvent le CSSS local. Certains d'entre eux offrent des services d'accompagnement maternel. Si aucun service de cette nature n'est disponible, le CSSS peut référer le parent à d'autres organismes travaillant en partenariat avec lui.

Enfin, trouver du temps pour soi est possible avec l'aide des haltes-garderies. Les haltes-garderies sont établies dans plusieurs villes du Québec, mais l'offre est variable d'une région à l'autre. Les haltes offrent généralement des périodes de répit allant de demi-journées aux journées complètes. J'y ai laissé mon fils pour la première fois une demi-journée alors qu'il était âgé de neuf mois. J'ai vraiment apprécié ces quelques heures juste pour moi!

Gérer le budget familial avec un revenu moins élevé

L'arrivée du bébé engage des frais et, les semaines ou mois après sa naissance, la majorité des couples doivent faire face à leurs obligations avec un revenu familial moins élevé. La maman touche des allocations si elle est salariée, travailleuse autonome ou entrepreneure, mais ces allocations ne remplacent pas entièrement le salaire. Durant la grossesse, on se prépare surtout à l'accouchement, mais pense-t-on à établir un budget familial pour l'année à venir? Certains le font d'emblée, d'autres non.

Idéalement, on a bâti un petit fonds, dès la grossesse jusqu'à la naissance de l'enfant, qui nous permettra de payer certaines dépenses imprévues et des petits luxes durant les mois suivant la naissance du bébé. Avec ce petit fonds, la maman peut aussi s'offrir des séances de massage, des soins de beauté – juste pour elle – ou faire appel à des services d'entretien ménager ou de gardiennage. Si on s'y est pris d'avance, on a peut-être aussi pensé à faire des réserves de couches ou d'autres produits alors qu'ils étaient soldés. Mais si nous n'avons rien prévu... voici quelques pistes permettant de faire des économies durant la période postnatale.

J'ai toujours désiré avoir une famille nombreuse. D'ailleurs, c'était dans l'ordre des choses : la tradition, les moyens de contraception inexistants, sauf par la méthode des dates, l'interdiction par l'Église d'empêcher la famille sous peine de faute grave. [...]

Nous avons dû faire de très gros sacrifices pour joindre les deux bouts. Je cuisinais tout : pâtisseries, pains, soupes, viande, confitures, etc. Je faisais la couture pour toute la famille et j'ai même pris des commandes pour les autres : amies, restaurants, etc. J'ai dû travailler tard le soir lorsque les enfants étaient couchés. Je jardinais, surtout des légumes. Il fallait aussi acheter en grosse quantité la viande afin de la congeler ; je profitais des rabais pour l'achat de chaussures et de vêtements. Les enfants aidaient à la maison pour différentes tâches ménagères et ils ont travaillé à temps partiel : livraison de journaux pour certains, travail dans les restaurants pour d'autres, garder des enfants, etc.

Dora
mère de neuf enfants,
grand-mère et
arrière-grand-mère

L'allaitement

Voilà une autre raison de privilégier l'allaitement : il nourrit votre bébé tout à fait gratuitement ! Pas besoin d'acheter des caisses de préparations lactées, de les mélanger avec de l'eau bouillie ni de vous procurer des biberons, des tétines et des sacs en grande quantité. Une économie de temps, d'énergie et d'argent.

Les couches lavables

Pour ceux et celles qui ont le courage (que je n'ai pas eu !) de s'acquitter de cette tâche domestique, les couches lavables représentent une solution intéressante tant du point de vue écologique qu'économique. Oubliez les vieilles couches en flanelle et les épingles de sûreté : les nouveaux modèles de couche sont bien plus pratiques !

La plupart des modèles sont maintenant munis d'attaches en velcro™ ou de boutons à pression, ce qui est nettement plus sécuritaire et facile à enfiler. Les couches lavables ressemblent

Ci-dessous, un modèle de couche taille unique qui convient aux nourrissons et aux bébés plus vieux, mais qui nécessite une enveloppe plastifiée (voir les deux premières photos), puis un modèle qui possède un revêtement contre les fuites intégré.

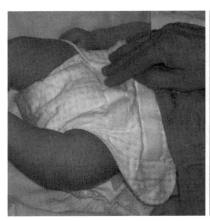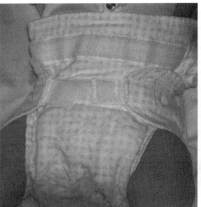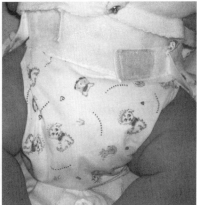

Les couches en coton ont été beaucoup plus faciles à utiliser que je me l'imaginais au départ. Elles s'enfilaient comme les couches en papier puis étaient très absorbantes, même la nuit. J'avais ma petite routine : je descendais le seau de couches le soir avant de me coucher, et elles trempaient toute la nuit dans la laveuse. Par contre, comme je n'avais pas de sécheuse, il m'arrivait d'en manquer les jours où il pleuvait... Mais au moins, je n'avais pas à courir les spéciaux sur les boîtes de couches dans 1001 pharmacies !

Mélanie-Anne

en fait à s'y méprendre aux couches jetables et elles sont rembourrées et élastiques aux bons endroits, pour le plus grand confort du bébé. Il existe des modèles ajustables qui font de la naissance jusqu'à deux ans, d'autres modèles qui ont une enveloppe en nylon pour protéger les vêtements des fuites. Les nouvelles couches en coton sont aussi offertes en différents coloris et motifs.

Si l'on considère qu'un bébé peut parfois souiller jusqu'à dix couches en une journée, utiliser des couches en coton vous coûtera une fraction du prix (mais vous donnera plus d'ouvrage, il est vrai). Il n'empêche, l'entretien des couches en coton s'est grandement simplifié au fil des ans. On vend maintenant une doublure spéciale (une mince feuille de polypropylène) qui permet de disposer des matières solides. Cette protection est également utilisée dans certaines couches jetables pour garder la peau du bébé au sec. Quoique jetable, la doublure peut être lavée dans un sac pour nettoyer les vêtements délicats s'il n'y a pas eu de solide.

Enfin, on peut aussi choisir d'utiliser les couches en coton seulement le jour. Ainsi, le bébé risque moins de se sentir détrempé et ne se réveillera (on le souhaite !) que pour boire.

Acheter au rabais et autres astuces

Les vêtements du bébé doivent-ils nécessairement être neufs ? À qui faisons-nous vraiment plaisir en achetant des vêtements neufs, parfois griffés, que le bébé portera trois ou quatre mois ?... Certains magasins à rayons offrent une gamme de vêtements résistants à bas prix. Profitons du temps où seuls le confort et la protection contre les éléments naturels (vent, pluie, neige, soleil) sont les critères importants dans nos choix de vêtements pour les tout-petits.

Ainsi, les friperies sont un moyen économique de vêtir bébé – et pourquoi pas maman et les autres membres de la famille ? En plus d'être économique, acheter « déjà porté » est une forme de recyclage et d'échange. Il arrive parfois de trouver dans les friperies des vêtements pratiquement neufs. De plus, certaines friperies se spécialisent dans les vêtements pour enfants et on y trouve également des souliers, des jouets, des articles (parcs, poussettes) ou des livres pour enfant à prix modique. On peut aussi trouver des livres pour enfants dans les librairies d'occasion. Une autre façon d'économiser sur les vêtements est d'acheter les articles en solde en fin de saison en prévision de la saison suivante. Au mois de février, toutes les mitaines et les chapeaux sont bon marché! Il suffit de prévoir que notre bébé habillera probablement une taille ou deux plus grand l'année suivante.

On peut aussi se tourner vers les petites annonces pour dénicher des aubaines. Sur Internet, il existe de nombreux sites de petites annonces où l'on peut faire des recherches thématiques ou par mot-clé, ce qui est fort pratique si l'on est à la recherche d'un item précis. On y trouve de tout : des vêtements, des meubles, des jouets. De plus, contrairement aux petites annonces du journal, on peut habituellement voir une photo de l'article.

Les jouets et accessoires peuvent très bien s'échanger entre membres d'une même famille ou entre amis. On peut aussi courir les ventes de garage : incroyable tout ce qu'on trouve dans ces mélis-mélos. Les tout-petits ne font aucune différence entre un jouet neuf ou usagé, mais le portefeuille des parents, oui. Par contre, lors des ventes de garage, il faut bien s'assurer que les jouets et les articles offerts ne sont pas brisés (voir le tableau en page suivante pour quelques recommandations importantes).

On peut aussi considérer les clubs d'échange de services, qui offrent la possibilité d'obtenir divers services gratuitement en échange d'un service rendu à une autre personne. Des municipalités et quartiers d'une même ville ont déjà mis sur pied ce genre d'association. Renseignez-vous auprès du CSSS ou du centre communautaire local pour obtenir des informations à ce sujet.

Planifier des achats alimentaires ou de produits utilitaires en groupe permet des économies appréciables. Regrouper plusieurs familles et acheter en grandes quantités est une option intéressante. Certaines grandes chaînes vendent leurs

Un salaire pour faire vivre six personnes, c'est bien sûr un budget sans trop de folies. Quelques exemples pour économiser : les couches en coton et l'allaitement. On planifie la liste d'épicerie en fonction des spéciaux de la semaine et on achète en gros : si le poulet est en spécial une semaine, on en achète beaucoup, mais on achète aucune autre viande cette semaine-là. Comme on a deux congélateurs, on mange des repas très variés mais toujours achetés en spécial. Je fais aussi notre pain et notre yogourt à la maison, des confitures, biscuits… ce que je peux quoi! Pour les vacances, on fait du camping dans les parcs nationaux (Sépaq), très économique, et il n'y a pas mieux pour se dépayser (ni télévision ni téléphone).

On habille les enfants dans les ventes de garage, ça nous permet de faire ça à très peu de frais. Quand il y a des anniversaires dans la famille, on essaie de faire des cadeaux maison (cuisine, couture). Et quand on est «tannés» de quelque chose, comme les couches de coton par exemple, on achète des couches jetables pour un temps. Même chose pour le pain, le yogourt et le reste, on ne s'empêche pas de se gâter, mais comme on ne le fait pas quotidiennement, le budget va plutôt bien!

Geneviève
ingénieure mécanique et maman de quatre enfants

produits en gros ; ces quantités, surtout lorsqu'il s'agit de denrées alimentaires périssables, sont souvent trop grandes pour une seule famille. Pourquoi ne pas partager ses achats avec d'autres ?

Mises en garde particulières pour l'achat d'articles dans des ventes de garage[8]

Sièges d'auto

Lors d'une vente de garage, les parents doivent impérativement demander si un siège d'auto d'occasion a été impliqué ou non dans une collision. Dans l'affirmative, l'utilisation d'un tel siège d'auto met en danger l'enfant, car il risque d'être inefficace.

Barrières pour bébé

Au Canada, la Loi interdit la vente de barrières dont l'extrémité supérieure est formée de losanges ou de « V ». L'enfant peut s'y coincer et s'étrangler.

Lits de bébé

Les lits fabriqués avant l'automne 1986 ne sont pas conformes aux normes de sécurité en vigueur. Il est interdit de les vendre et on doit les détruire ! Le matelas doit être bien ajusté au lit, l'écart entre le matelas et le lit ne doit pas dépasser 3 cm. L'espace entre les barreaux ne doit pas excéder 6 cm. La hauteur

→

des montants d'angle ne doit pas excéder 3 mm. Les lits dont le matelas est soutenu par des crochets en forme de S ou de Z ne sont pas sécuritaires. S'il y a des signes visibles de dommages, s'il manque des pièces, instructions ou avertissements, on doit jeter le lit.

Marchettes pour bébés

Depuis le mois d'avril 2004, il est interdit de vendre des marchettes. Il est recommandé de les détruire afin qu'elles ne puissent pas être utilisées.

Poussettes

Les poussettes et landaus fabriqués avant 1985 peuvent ne pas être conformes aux normes de sécurité actuelles. La poussette doit être munie d'une ceinture abdominale ou d'un dispositif de retenue solidement fixé au siège ou au cadre. Assurez-vous que les freins et le mécanisme de verrouillage fonctionnent et que les roues sont fixées avec solidité.

Parcs pour enfants

Un vieux parc peut comporter des boulons saillants qui peuvent s'accrocher aux vêtements de l'enfant. Les mécanismes de pliage peuvent être usés ou défectueux. Les côtés en tissu maillé doivent être de type mousti-quaire. Les grandes mailles ne satisfont pas aux normes actuelles et l'enfant risque de s'y prendre. Pour un parc pliant, assurez-vous que tous les dispositifs de verrouil-lage fonctionnent et que les instructions de montage sont comprises.

Si vous utilisiez votre voiture pour vous rendre à votre travail, vérifiez auprès de votre assureur si le fait que vous restez maintenant à la maison et utilisez l'auto uniquement pour faire des courses a un impact sur votre prime. Il se pourrait que vous ayez droit à un rabais. Tentez de regrouper vos déplacements en voiture le plus possible.

Dans le même ordre d'idées, on peut économiser beaucoup en adoptant un mode de vie plus écologique. De nombreuses recommandations et solutions qui ont pour but de diminuer notre consommation d'énergie ont également un impact sur notre portefeuille. On peut par exemple :

- Fermer les rideaux dans le jour l'été afin de ne pas réchauffer la maison (et faire l'inverse l'hiver) ;

- Régler la température du thermostat quelques degrés de moins... et enfiler des bas si on a froid ;

- Utiliser un micro-ondes plutôt qu'un four conventionnel pour préparer nos repas (faire bouillir les légumes, etc.) ;

- Débrancher les appareils électriques qui fonctionnent pour rien ou installer des minuteries (filtreur de la piscine, deuxième réfrigérateur).

- Etc.

Profitons du fait que nous sommes à la maison et sommes plus flexible pour modifier nos habitudes. On a rien à perdre, mais tellement à gagner !

Voyager avec bébé

Un bébé en santé peut normalement suivre ses parents à peu près partout, même en voyage. Il s'adaptera facilement aux longs déplacements en voiture, en train, en bateau, voire en avion. Les principales craintes des parents avec un nourrisson et un jeune bébé sont :

- Le bébé deviendra-t-il malade s'il est exposé à des gens et à des environnements étrangers ?

- Aurons-nous accès facilement aux premiers soins et à un centre hospitalier (ou à une clinique) loin du domicile familial, voire dans un pays étranger ?

- Le bébé dormira-t-il facilement hors de son environnement connu ?

- Dérangerons-nous les autres passagers si le bébé pleure ?

Dès leur naissance, les bébés sont tous exposés à des virus, bactéries et microbes nouveaux. L'allaitement maternel, qui contient des anticorps, protègera pendant plusieurs mois le bébé contre ces «invasions». Lorsque l'hygiène de base est respectée, le bébé ne deviendra pas davantage malade quand vous voyagez avec lui.

Les bébés sont les bienvenus sur les terrains de camping. Ces sites de vacances sont idéals et adaptés pour les jeunes familles. En camping, les gens sont généralement matinaux et on entend les jeunes enfants dès 7 h ! La plupart des sites offrent des services (douches, toilettes et électricité) pour les

Nous avons emmené notre fille en France pour visiter son grand-père alors qu'elle avait sept semaines. Elle ne s'est pas habituée au décalage horaire et elle nous a tenus réveillés toutes les nuits pendant une semaine. Ouf ! Pendant la journée, elle dormait dans le porte-bébé pendant qu'on visitait. Nous, on était crevés.

Claire

Deux grandes voyageuses : un bébé à l'hôtel et un autre qui fait du canot-camping.

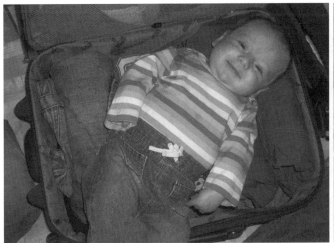

campeurs qui couchent dans une tente ou une roulotte. Ceux qui campent en VR ou en caravane bénéficient de ces services à l'intérieur de leur véhicule. Apportez toujours une trousse de premiers soins complète avec vous.

Pour les voyages de plusieurs heures en voiture, il est recommandé de faire une pause aux deux heures pour les boires, les changements de couche, faire bouger bébé, etc. En voiture, ne laissez jamais le bébé seul, été comme hiver : même pour une courte pause aux toilettes, transportez-le avec vous dans son siège d'auto. Laissez toujours une trousse de premiers soins dans votre véhicule.

Pour les voyages en train, en bateau ou en avion, assurez-vous d'avoir sous la main les accessoires habituels pour les soins du bébé, ainsi que tout médicament qui lui serait nécessaire. Avant le grand départ, vérifiez avec votre compagnie de transport s'il existe des politiques particulières concernant les voyages avec un bébé. Si vous voyagez à l'étranger, prenez les dispositions nécessaires avec votre compagnie d'assurance concernant l'accessibilité à des soins hospitaliers en cas d'urgence. Si vous voyagez dans des pays dits « exotiques », vérifiez auprès de votre médecin traitant si vous et votre bébé devez recevoir des vaccins.

Pour les voyages à l'étranger, vous devez emmener avec vous le certificat de naissance du bébé. Il est cependant préférable que le bébé ait son propre passeport. Mais attention : il existe des indications précises pour la prise de photo des jeunes bébés. Par exemple, il doit avoir les yeux ouverts, on ne doit pas voir votre main si vous devez tenir la tête du bébé, la photo ne doit pas avoir d'ombrage et l'expression du bébé doit être la plus neutre possible. Ce n'est pas une mince affaire ! Il est donc recommandé de faire prendre la photo par un photographe professionnel qui s'y connaît bien. Aussi, si vous voyagez seule avec l'enfant, un formulaire de consentement signé par le père facilitera votre passage aux douanes.

Quant au décalage horaire, il suffit d'y aller progressivement et de ne pas brusquer le bébé. En exposant le plus possible le bébé à la lumière du jour et en décalant un peu chaque jour l'heure des repas et des couchers, le bébé s'adaptera (ou pas !) à son nouvel horaire.

Lorsque l'isolement nous pèse...

La qualité de vie d'une nouvelle mère – et par qualité de vie, j'entends la richesse de son réseau familial et social autant que ses ressources matérielles – a un impact direct sur sa perception d'elle-même ainsi que le plaisir et la satisfaction qu'elle retire en présence de son enfant. Les mères qui profitent le plus de leur première année avec leur bébé sont souvent celles qui ont un réseau social élargi – famille, amis, activités extérieures, etc.

Les jours et les premières semaines suivant la naissance du bébé, les visiteurs sont nombreux: tout le monde veut voir l'enfant! Mais les visites deviennent souvent plus clairsemées par la suite. Il y a 40 ou 75 ans, la nouvelle maman était entourée d'autres femmes (mère, sœurs, tantes, amies) qui la soutenaient non seulement durant l'accouchement mais les jours, les semaines, les mois suivant la naissance. Dans notre monde actuel, les gens sont souvent très occupés : travail, cours du soir, activités avec les enfants, voyages, entretien domestique, etc. Même les retraités disent manquer de temps!

Les nouvelles mamans entourées de leur famille et de leurs amies (elles aussi en congé parental ou qui restent à la maison avec leurs enfants) sont privilégiées : elles ont un réseau de personnes qu'elles connaissent déjà, des femmes vivant les mêmes situations et avec qui elles peuvent échanger ou organiser des activités au quotidien avec ou sans les enfants. Ces moments de « compagnonnage » et de partage sont essentiels pour l'équilibre de la nouvelle mère car, bien souvent, elle n'est plus en contact avec son milieu de travail, qui constituait son réseau de contacts principal. La présence d'autres adultes au quotidien « énergise » la nouvelle mère en augmentant le nombre de liens interpersonnels.

D'autres mamans, par contre, n'ont pas cette chance. Beaucoup de femmes se voient coupées de leur réseau de connaissances et n'ont pas aussi facilement accès à leur mère, à leur fratrie, à leurs meilleures amies. Elles habitent une région éloignée, elles ne possèdent pas de voiture ou n'ont pas accès à des moyens de transport, leurs parents sont vieillissants ou malades, leurs amis travaillent à l'extérieur et sont moins disponibles ; bref, leur réseau est restreint ou inexistant.

Ces nouvelles mamans doivent alors développer un nouveau réseau de contacts pour combler leurs besoins d'interaction et de soutien. Autrement, la vie au quotidien avec bébé leur apparaîtra ennuyeuse et difficile, particulièrement si la nouvelle mère compte rester plusieurs mois à la maison à temps plein avant de reprendre son travail. Elle sera plus sujette à souffrir de solitude et d'isolement, et avec raison : quelle femme ayant une vie active à l'extérieur pendant plusieurs années serait satisfaite en restant exclusivement à la maison, souvent seule toute la journée avec son bébé ? Malgré l'amour qu'une femme porte à son enfant, il est irréaliste qu'elle puisse être comblée par lui uniquement. C'est elle qui veille à ses besoins, et non le contraire. La femme a intérêt à se ressourcer à l'extérieur de sa relation avec son enfant. Quoique ce besoin varie d'une personne à une autre et selon les tempéraments (certaines femmes préfèrent nettement la solitude aux groupes et s'accommodent bien d'une vie plus sédentaire), la plupart des femmes souhaiteront néanmoins briser la routine à un moment ou un autre.

Le quotidien avec mon enfant ne me comble pas. Ma profession et mes collègues me manquent. Je souffre d'avoir un revenu moins élevé. Pourquoi ne suis-je pas comblée avec mon bébé ? Suis-je une mauvaise mère ? Devrais-je retourner au travail plus tôt que prévu ?

Quelle maman à la maison n'a jamais pensé, lors d'une de ses « pires journées », combien il serait reposant d'aller travailler, même dans un boulot sans grand défi ? Huit heures d'affilée sans couches, sans pleurs, sans nettoyage, sans se casser la tête pour comprendre ce que bébé veut dire, sans soucis...

Quoi de plus normal pour une femme que de vouloir reprendre un travail qu'elle aime, pour lequel elle a suivi une formation (parfois durant plusieurs années) et qui lui apporte de réels bénéfices, tant au niveau monétaire que pour son développement personnel ?

Toutes les femmes ne sont pas faites pour rester à temps plein à la maison avec leurs enfants. Et pourquoi le devraient-elles toutes ? Cela signifie-t-il qu'elles ne devraient pas avoir d'enfants ? Sûrement pas ! On n'en exige pas tant des hommes, et on ne s'attend pas à ce qu'ils abandonnent leur carrière et leurs aspirations et trouvent du plaisir à s'occuper quotidiennement des besoins de base d'un bébé.

L'ennui, la routine, l'isolement, la baisse d'estime de soi et la perte des repères sont des facteurs fréquemment évoqués par des femmes – bien avant les besoins financiers – pour expliquer leur désir de reprendre le travail plus tôt que prévu. Lorsqu'une femme n'est pas satisfaite de sa nouvelle vie, qu'elle ne trouve pas au quotidien avec son bébé la satisfaction qu'elle espérait et qu'elle se sent « coincée », retourner sur le marché du travail peut lui sembler la meilleure solution pour sortir d'une impasse. Parfois, la reprise du travail peut être une façon de s'affirmer face au conjoint qui ne valorise pas suffisamment le travail de mère à temps plein ou qui trouve difficile le fait que le revenu familial soit moins élevé. Même en étant consciente des inconvénients liés à la reprise précoce du travail (laisser son bébé à la garderie, concilier travail-famille), la nouvelle mère sent un second souffle qui lui permettra, elle l'espère, de retrouver dignité, respect d'elle-même, voire autonomie financière.

Une femme devrait analyser sérieusement sa situation avant un retour définitif au travail plus tôt que prévu. Au Québec, nous bénéficions d'un long congé parental, fruit de longues batailles sociales, et ce congé est envié par plusieurs. En France, la maman doit reprendre son travail quatre mois après la naissance. Aux États-Unis, après quelques semaines seulement. Le discernement et la prudence s'imposent donc. Voici quelques pistes de réflexion :

- Suis-je trop isolée ? Comment changer cette situation ?

- Mon travail auprès du bébé est-il suffisamment reconnu et valorisé par mon conjoint, ma famille, mes amis ?

- Est-ce que je souffre d'une forme de dépression ?

- Est-ce que je souffre d'une maladie qui toucherait mon bien-être et mon humeur ?

- Est-ce que je vis un deuil (décès d'un proche, perte d'emploi, pertes matérielles importantes à la suite d'un sinistre) ou un changement important (déména-

Les femmes disent qu'elles travaillent parce qu'avoir une vie à elle leur plaît. Beaucoup d'entre elles ont fait l'expérience de la dépendance économique et se sont aperçues qu'on les traitait en enfants ou en subordonnées ; d'autres ont toujours eu un emploi et ne désirent pas renoncer à exercer des talents dont elles sont fières, perdre une réputation qu'elles ont travaillé à acquérir[5].

Shere Hite

gement, rénovations majeures, nouvel emploi, mariage, etc.)?

- Travailler bénévolement en utilisant un talent ou une compétence comblerait-il mon besoin d'épanouissement personnel à l'extérieur de la maison? Parfois, quelques heures par semaine suffisent. De plus, l'engagement bénévole permet d'élargir notre réseau de connaissances.

- Est-il possible de reprendre mon travail de façon progressive?

Les mamans qui réfléchissent à la possibilité d'écourter leur congé parental sont aussi tiraillées à l'idée de laisser leur enfant à la garderie. Ceci rend le processus décisionnel encore plus difficile. Consulter un médecin, un psychologue ou une personne de confiance peut aider à faire un choix plus éclairé. Mais il est possible, après réflexion, que la mère conclut que retourner au travail est la meilleure solution pour retrouver son équilibre.

Notes

1. Penelope Leach. *Votre enfant, de la naissance à la grande école*, Paris, Albin Michel, 1990, p. 224-234.
2. *Daudelin, des mains et des mots*, documentaire cinématographique réalisé et produit par Richard Lavoie, 1998.
3. *Mieux vivre avec son enfant*, Institut national de santé publique du Québec, édition 2003-2004, p. 140-141.
4. Santé Canada. « Sécurité des produits de consommation ». En ligne (consulté en février 2006): www.hc-sc.gc.ca/cps-spc/pubs/cons/garage_f.html4.
5. Shere Hite. *Les femmes et l'amour. Le nouveau rapport Hite*, Paris, Stock, 1987, p. 457-458.

Santé et bien-être en postnatal

Les suites de couches

Les suites de couches font partie de la récupération physique de la nouvelle mère et peuvent influencer sa mobilité, son bien-être au quotidien, voire sa sexualité.

Dès les jours suivant la naissance, l'utérus se rétracte et reprend peu à peu sa taille et sa position normales dans le bassin grâce aux contractions postnatales, appelées tranchées. Semblables aux douleurs menstruelles, les tranchées sont plus marquées lorsque la maman allaite en raison de la stimulation des mamelons qui provoque la libération d'ocytocine.

Les pertes vaginales, les lochies, dureront quelques semaines. Il s'agit de sang et de sérosités provenant de l'utérus qui sont expulsés sous l'effet des contractions. D'abord abondantes les premiers jours suivant la naissance, les lochies se raréfient jusqu'à devenir de légers filets de sang brunâtres puis incolores. Si des caillots de sang apparaissent dans les 24 heures suivant l'accouchement, il pourrait s'agir de fragments de placenta ou de membrane restés dans l'utérus – il faut alors aussitôt le signaler au médecin ou à la sage-femme. Mais, en général, ces débris sont expulsés naturellement.

Il faudra peut-être quelques jours avant de réussir à aller à la selle. La peur de rompre les points de suture ou la douleur abdominale provoquée par la cicatrisation après une césarienne peuvent retarder le retour des fonctions intestinales. Les points de suture résistent au passage des selles dans la grande majorité des cas. Une alimentation riche en fruits et légumes, beaucoup d'eau et, au besoin, un supplément de fibres pourront aider.

Les pieds et les mains pourront être enflés. Ces œdèmes, apparus durant la grossesse pour augmenter le volume sanguin, s'estomperont avec une meilleure élimination, par la sudation et la miction. L'allaitement favorise aussi une perte de poids plus rapide : on utilise les réserves de graisse accumulées lors de la grossesse en vue de la lactation.

Si l'on a accouché par voie vaginale, la vulve sera peut-être enflée quelques jours après l'accouchement, rendant la miction douloureuse. S'il y a eu épisiotomie, on recommandera des bains de siège, qui sont aussi efficaces pour atténuer les hémorroïdes qui sont apparus en fin de grossesse. Pour plus de confort, posez un coussin supplémentaire sur les chaises ou les sofas. Des bains d'eau chaude soulageront et favoriseront la cicatrisation.

Il faudra plusieurs semaines pour récupérer complètement d'une césarienne. Le mois suivant la naissance, il est interdit à la mère de soulever des charges supérieures à 4,5 kg. La maman ne peut donc pas soulever son bébé une fois installé dans son siège d'auto, car le poids du siège est d'environ 3,6 kg (8 livres). Cette situation limite les déplacements de la mère et de son bébé lorsqu'ils n'ont pas d'aide. De même, se pencher, marcher, exécuter des tâches domestiques courantes ou conduire la voiture causent généralement de l'inconfort lors des premières semaines *post-partum*. La plaie externe au-dessus du pubis (longue de 10 cm) sera sensible et boursouflée pendant deux à trois semaines. Lorsque les points de suture seront tombés, on peut masser délicatement la cicatrice, sous la douche par exemple : ceci stimule la circulation sanguine et favorise une meilleure cicatrisation.

Le retour de couches

Chez les femmes qui n'allaitent pas, 92 % ont leur retour de couches trois mois après la naissance. Mais l'ovulation peut déjà survenir trois semaines après l'accouchement. Une femme entre donc en période de fertilité dès le retour des menstruations ou lorsqu'elle ressent une sensation d'humidité ou de glaire à la vulve.

Une ovulation fertile avant le retour de couches est peu fréquente lorsqu'il y a allaitement complet jusqu'à six mois, sans introduction de compléments liquides ou solides, et que les intervalles entre les tétées ne dépassent pas quatre heures le jour et six heures la nuit. Dans ce cas, le taux de grossesse est de 1 à 2 % ou moins. La quantité de prolactine produite lors

La prolactine inhibe l'ovulation. La nature est bien faite : tout est mis en place pour que la mère ne tombe pas enceinte tout de suite afin qu'elle puisse se consacrer à son enfant. Toutefois, l'allaitement (même exclusif) n'est pas un contraceptif et il arrive de devenir enceinte malgré cela.

Caroline Abram
sexologue clinicienne,
psychothérapeute et maman
d'un jeune garçon

d'une tétée entre minuit et 5 heures du matin est plus élevée que lors d'une tétée de même durée le jour. C'est pourquoi, généralement, les tétées nocturnes sont très importantes pour maintenir une bonne lactation et rester infertile – si c'est ce que l'on souhaite, bien entendu.

En période d'allaitement, le choix d'un contraceptif avec progestatifs seuls peut nuire à la lactation. Pour les contraceptifs avec œstrogènes, il est conseillé d'attendre six mois *post-partum*, car ils peuvent aussi réduire la production de lait. D'autres méthodes contraceptives sont préférables. Discutez-en avec votre médecin ou votre sage-femme.

La médecine chinoise estime qu'une femme devrait attendre deux ans entre un accouchement et la mise en route d'une nouvelle grossesse. Deux ans étant la période nécessaire, pour la femme, afin de retrouver le niveau énergétique qu'elle avait avant la naissance du bébé. Ne faut-il pas y voir une certaine sagesse? La grossesse, l'accouchement et les soins prodigués à un enfant durant les deux premières années de sa vie exigent beaucoup de la femme à tous les niveaux: physique, psychologique, émotif.

La remise en forme postnatale

Les jours suivant l'accouchement, qu'il soit par voie vaginale ou par césarienne, il est recommandé de débuter quelques exercices visant à renforcer les muscles du plancher pelvien et du périnée. Ceux-ci ont pu s'affaisser durant la grossesse et l'accouchement, ce qui peut provoquer des fuites urinaires. À titre d'exemple, les exercices de Kegel (contractions du vagin) sont excellents. On localise les muscle à contracter lorsqu'on va uriner. Ce sont les muscles qui nous permettent d'arrêter et de repartir le jet d'urine. On peut faire ces exercices aussi souvent que l'on désire car ils se font discrètement sans que personne ne le sache.

Six semaines après l'accouchement, il faut penser à renforcer les muscles abdominaux, qui servent de «gaine». À la fin de la grossesse, l'augmentation de la tension au niveau des muscles peut provoquer la diastase (séparation) des grands droits, muscles situés du sternum au pubis. Cette diastase se produit chez environ un tiers des femmes. Il est important de corriger une diastase pour éviter un affaissement musculaire important et, avec l'âge et les grossesses subséquentes, une descente d'organes.

Comment vérifier la diastase des grands droits ? Allongez-vous sur le dos et soulevez légèrement la tête. Un espace de trois doigts ou plus entre les muscles, au niveau du nombril, nécessite des exercices correctifs qui refermeront la séparation. Exemples d'exercices à pratiquer : redressements assis, ciseaux, élévations du bassin, flexions latérales du tronc. Pratiqués quotidiennement, ces exercices aident aussi à retrouver notre taille plus rapidement.

Le processus d'adaptation

Devenir mère à temps plein équivaut à changer d'emploi, et quel changement ! On s'attend à ce que la nouvelle maman plonge la tête la première dans la maternité comme si elle avait fait cela toute sa vie. Mais la réalité est tout autre ! Bien souvent, nos compétences professionnelles sont peu ou pas transférables à notre nouvel «emploi» de mère. Nos métiers ou professions requièrent souvent une gestion efficace des tâches, une élimination des imprévus, du leadership et de la compétitivité, alors qu'être mère fait appel à beaucoup d'empathie, d'écoute et de souplesse face aux nombreux imprévus. De plus, nous passons généralement d'un horaire de 35 ou 40 heures par semaine à un job «sur appel» 24 heures par jour, avec peu de possibilités d'être relayées en cas de maladie ou de fatigue extrême.

La nouvelle mère, habituée à recevoir un salaire et des commentaires sur sa performance dans un emploi rémunéré, peut ressentir qu'elle travaille très fort avec son bébé sans que sa contribution soit reconnue ni suffisamment valorisée. Le travail de la mère à temps plein avec son enfant est encore considéré comme un dû. Il a peu ou pas de reconnaissance. Cette situation nous renvoie au statut précaire des femmes qui choisissent de ne pas retourner sur le marché du travail après la naissance de leur enfant.

En quittant son travail, la femme perd aussi son contact avec un large réseau de connaissances. Le nombre d'interactions dont une femme est coupée en quittant un emploi rémunéré pour rester à la maison avec son bébé est important. Ce changement de dynamique peut être vécu comme un choc pour la nouvelle mère, surtout si elle aime son travail et si, de surcroît, elle a un grand besoin de communiquer et d'interagir avec les autres.

L'importance des liens interpersonnels

En fait, ce n'est pas tant le nombre absolu de gens qu'elle côtoie que le nombre de liens engendrés par les rencontres quotidiennes qui décroît de façon significative. Yves St-Arnaud[1], docteur en psychologie et consultant en relations humaines, suggère une formule qui établit le nombre de liens interpersonnels en relation avec le nombre d'individus dans un groupe.

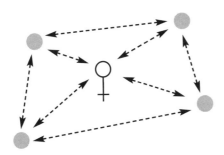

Nombre de liens interpersonnels = $N(N-1)/2$. Où N est le nombre d'individus. Donc, si une femme fait partie d'un groupe de 3 personnes, il y a 6 liens. Avec 5 collègues, 15 liens ; avec 10 collègues, 55 liens. Une femme en congé de maternité à la maison, qui faisait partie d'une équipe ou d'un service de 10 personnes, passe donc de 55 liens quotidiens à 1 lien avec son bébé : l'écart est significatif.

S'adapter à un nouvel emploi, quel qu'il soit, prend plusieurs semaines. Cette adaptation est variable selon les personnes et le soutien qu'elles reçoivent. Lorsqu'il s'agit du premier enfant, la mère a tout à apprendre. Elle a besoin de temps pour s'adapter à son enfant mais, une fois habituée à une étape de développement du bébé, ce dernier change à nouveau, et la mère recommence son processus d'adaptation!

Accepter nos émotions négatives et nos déceptions

Combien de mères se sentent coupables inutilement parce qu'elles sont moins en forme ou moins disposées envers le bébé de temps en temps. Être parfaite, quelle lourde responsabilité, quel objectif de vie exigeant! Personne n'est complètement joyeux, 24 heures sur 24, et le bonheur n'est pas un état permanent. Nous ne demandons pas à notre conjoint, à notre famille ou à nos amis d'être toujours en forme et de bonne humeur, alors pourquoi l'exiger de nous-même?

La tristesse, la colère, la déception font partie de la «vraie vie». Les mères ont aussi le droit de ressentir et d'exprimer ces émotions. Elles ne deviennent pas des «gentilles organisatrices» en représentation permanente une fois que le bébé est né. Sinon, quelle vie épuisante à vouloir jouer un rôle qui ne correspond pas toujours à la réalité!

Éprouver des sentiments négatifs sur une base occasionnelle est tout à fait normal. Par contre, vivre en permanence sous l'emprise de la tristesse ou de l'anxiété requiert un suivi avec un professionnel de la santé car il peut y avoir présence d'une dépression. (Voir plus loin, la section sur la dépression *post-partum* en page 163.)

Il ne doit pas me voir triste, fatiguée, je dois lui donner du bonheur... Expliquer à notre bébé nos états d'âme est sain. Bien sûr, on ne dit pas tout *en détail* à un bébé ou à un enfant, ses capacités intellectuelles ne sont pas celles d'un adulte. Bien qu'il ne comprenne pas la signification de nos sentiments, il comprend qu'on s'adresse à lui et qu'on lui accorde de l'importance. Prendre l'habitude d'expliquer ce que l'on ressent à l'enfant, dès les premiers mois de sa vie, c'est déjà établir une relation de confiance en lui disant qu'on n'est pas parfait et qu'on a droit à nos sentiments les plus divers. Un jour, il le comprendra.

Il en va de même pour les promesses faites au bébé. Bien qu'il soit tout petit, on ne peut lui raconter n'importe quoi ou ne pas tenir une promesse, *parce qu'il ne comprend pas*. À l'instar d'une attitude ouverte et honnête sur nos propres sentiments, tenir une promesse est la base de toute relation durable et sincère. Dire une chose et en faire une autre – ou dire une chose et ne rien faire – signifie pour le bébé (et plus tard le jeune enfant qu'il deviendra) que nous ne sommes pas crédibles.

L'amour humain est toujours ambivalent [...] Alors il faut expliquer [à l'enfant] : « Je t'aime toujours, mais tu m'agaces, tu m'énerves, j'en ai marre. » L'enfant se dira « Ah bien ! Moi aussi je suis comme ça quelquefois vis-à-vis maman ». D'ailleurs bien des enfants le disent ce « je ne t'aime pas », à leur mère. Et ça deviendra humain entre eux. C'est cela aimer : autre chose que du rose bonbon et des sourires faux imperturbablement « gentils ». C'est être naturel et il faut assumer ses contradictions[2].

Françoise Dolto

L'accouchement s'est-il déroulé selon nos attentes ?

Quelle femme ne souhaite pas un accouchement rapide, régulier, sans complications et le moins douloureux possible, suivi d'un allaitement sans faille ? Dans la réalité, l'accouchement idéal se présente rarement. Un accouchement différent de l'idée qu'on s'en faisait est-il moins *réussi* ? Une mère a-t-elle *échoué*, comme à un examen ? Non, bien sûr que non. Aucune femme ne recevra une « note » pour son accouchement. Il n'existe pas, objectivement, d'accouchement *réussi* ou *raté.* C'est d'abord notre perception de cet événement qui laissera des marques profondes. Chaque accouchement est un moment fort, d'une grande beauté, parce qu'il s'agit de donner et de recevoir la vie. Un bouleversement qu'on traverse peu de fois dans une vie de femme.

Une femme peut toutefois vivre une déception par rapport à ses attentes : elle opte finalement pour la péridurale malgré ses réticences initiales ; elle accouche par césarienne et regrette de ne pas avoir expulsé elle-même le bébé ; on utilise les forceps ou une épisiotomie est pratiquée ; une personne chère devait la seconder mais n'a pu être présente ; l'enfant souffre d'une maladie grave ou l'on découvre qu'il a un handicap ; la mise en route de l'allaitement est difficile ; elle en veut à un médecin, au conjoint, peut-être même au bébé. Bref, elle aurait voulu qu'il en soit autrement...

Depuis quelques années, on sensibilise les futurs parents à la préparation d'un plan de naissance. Ceux-ci souhaitent un accouchement qui se déroule autant que possible sans interventions médicales, dans un climat chaleureux, empreint de confiance, d'attention et d'amour. Il est certes essentiel que les parents connaissent les interventions médicales, leurs conséquences sur la mère et l'enfant, et leurs solutions de rechange afin de faire des choix éclairés. Plusieurs interventions durant l'accouchement sont loin d'être banales et, si l'on peut les éviter, c'est préférable. On ne remettra pas non plus en question le besoin de chaleur, de soutien et d'intimité pour la maman et sa famille, approche qui fait partie de la philosophie des sages-femmes travaillant en maisons de naissance et pratiquant des accouchements à la maison, ainsi que des accompagnantes à la naissance.

Mais dans notre société axée sur la performance, la future mère peut facilement percevoir l'accouchement comme un défi à relever et confondre *bien vivre son accouchement* avec

Je ne voulais pas que mon travail soit provoqué, ni recevoir la péridurale, ni accoucher par césarienne. Eh bien ! J'ai eu tout cela. J'étais horriblement déçue. L'allaitement était tout ce qui me restait. Heureusement, ça s'est bien passé de ce côté.

Marion

réussir son accouchement, ouvrant la porte à de nouvelles attentes : un accouchement parfait. Que se passe-t-il lorsque la femme «n'y arrive pas», selon les critères établis dans son plan de naissance et selon ses propres exigences ? Elle se culpabilise facilement (*Où ai-je failli ? Ai-je manqué de courage ? Aurais-je pu faire autrement ?*), se sent triste ou en colère. Sommes-nous, comme femmes, trop sévères, trop exigeantes envers nous-mêmes ? Je trouve dommage qu'à la naissance du bébé, une femme puisse éprouver des sentiments négatifs *envers elle-même*, sentiments qui brouillent les émotions positives qu'elle ressent d'autre part.

Fait intéressant : hommes et femmes ont souvent des perceptions et des attentes différentes face à l'accouchement. Selon une étude citée par Armin A. Brott dans son guide *Moi aussi j'attends un enfant ! Le guide du futur papa*, seulement 8 % des hommes avaient vécu la naissance par césarienne comme un échec ; tandis que 92 % des hommes s'étaient déclarés «grandement soulagés»[3].

Chez certains hommes, la césarienne est perçue comme une option plus sécuritaire que l'accouchement par voie vaginale, même si dans les faits la césarienne est une chirurgie majeure qui comporte davantage de risques pour la mère et le bébé, et qui compromet la mobilité et le bien-être de la mère les semaines suivant l'accouchement. Quant à l'administration de la péridurale, les hommes considèrent généralement qu'elle serait le meilleur soulagement face à la douleur de l'enfantement, une douleur dont l'aspect symbolique (un rite de passage) ne leur apparaît pas toujours essentiel ni souhaitable. Pour une majorité d'hommes, le plus important à l'accouchement est que la mère et le bébé soient en bonne santé, cette attente surpassant largement le fait que leur conjointe vive la douleur sans interventions médicales. Dans ce contexte, une nouvelle maman pourrait sentir qu'elle ne trouve pas l'empathie et la patience nécessaires de la part de son conjoint lorsqu'elle a besoin de «revivre» son accouchement (par la parole et l'écoute) pour en faire le deuil. À ce sujet, les rencontres prénatales pourraient mieux préparer les pères à bien vivre leur rencontre avec la douleur ; une telle approche enrichirait grandement leur propre expérience de l'accouchement et le soutien (moral et physique) apporté à la mère en postnatal.

Par ailleurs, éprouver un sentiment d'incomplétude lorsque l'accouchement ne s'est pas déroulé selon nos attentes est compréhensible. Cette naissance était peut-être la première et la dernière si l'on enfante vers 40 ans, les chances de « se reprendre au prochain » étant presque inexistantes. Il faut faire le deuil d'un rêve, celui de l'accouchement tel qu'on l'avait imaginé. Je constate que le deuil est plus difficile chez les femmes qui s'étaient bien préparées à vivre un accouchement naturel, et chez celles dont le mode de vie est très écologique : alimentation biologique, liens avec les médecines alternatives, une vie spirituelle riche. Dans ces cas de figure, la femme vit un véritable écart avec ses valeurs les plus profondes.

On peut vouloir en parler dans les jours, les semaines suivant la naissance, ou plus tard. Enterrer une douleur ne fait qu'en retarder ses manifestations. Les groupes de nouvelles mamans, les proches (s'ils ont une bonne capacité d'empathie), ou toute autre personne de confiance, peuvent apporter l'écoute respectueuse nécessaire. Vous pouvez aussi demander à votre professionnel de la santé une copie de votre dossier d'accouchement. Sa lecture permet, par exemple, de connaître les raisons qui ont entouré une intervention. Si vous en ressentez le besoin, prenez le temps de discuter de votre dossier d'accouchement avec une personne expérimentée : médecin, sage-femme, accompagnante, marraine d'allaitement, infirmière en périnatalité... Ce processus peut grandement aider à faire le deuil d'une naissance qui ne s'est pas déroulée selon nos attentes.

Nos attentes face au bébé

À l'instar de la grossesse et de l'accouchement, l'arrivée de l'enfant dans notre vie suscite des attentes et des idéaux. Sont-ils réalistes ? Risque-t-on d'être déçue si cela ne se passe pas comme prévu avec le bébé? Ce dernier correspond-il au « bon bébé » que l'on espérait? Mais qu'est-ce que ça veut dire être un « bon bébé »? Le « bon bébé » est celui qui dérange le moins possible les parents : il pleure peu, ses tétées sont régulières et espacées, il n'a pas de coliques, il dort beaucoup, et il fait ses nuits rapidement. Ce bébé existe, mais il demeure l'exception.

Une maman peut être déçue si la relation avec son enfant n'est pas telle qu'elle l'avait imaginée. Par exemple lorsque le tempérament de l'enfant diffère du sien et qu'il y a « dissonance » entre les deux : elle se reconnaît alors difficilement dans son bébé. Une mère ressentira plutôt de la frustration si elle cherche à ce que bébé lui ressemble : elle prendra alors moins de plaisir et sera moins satisfaite des progrès du bébé, parce qu'elle ne se retrouve pas dans lui comme elle l'aurait espéré. Alors que la mère imaginait une relation empreinte de câlins, son bébé peut déjà être très actif et chercher plutôt à sortir de ses bras. Certains bébés sont ainsi, tôt dans la vie : ils n'aiment pas beaucoup être bercés ou cajolés longuement. Les parents peuvent en souffrir, sentant qu'une partie d'eux-mêmes est mise de côté, non exprimée – le besoin de protéger et d'établir une relation physique très fusionnelle avec le bébé alors que la relation par la parole et le raisonnement n'est pas encore développée avec lui, et ne le sera que vers la deuxième année.

À nous de transformer cette situation en défi qui nous amènera à nous surpasser comme parents, comme humains. Notre contribution envers l'enfant consiste à développer son plein potentiel avec ce qu'il est, *lui* : son tempérament, ses goûts, ses intérêts, qui ne sont pas toujours les nôtres. Dans sa première année de vie, le bébé nous donne déjà des signes de ce qu'il est, surtout au niveau de son tempérament. Bien sûr, ses goûts et ses intérêts se développeront plus tard en fonction de son milieu et de diverses influences.

Parfois, la mère (ou le père) peut aussi être déçue par rapport au sexe du bébé : on a une fille alors qu'on désirait un garçon, ou le contraire. La relation avec l'enfant au quotidien s'en ressentira si ces attentes non comblées se changent en

Un jour où je me trouvais dans la salle d'attente d'un spécialiste avec mon fils, une autre mère est entrée, accompagnée de sa fille (deux ans et demi) et de son fils (huit mois). Assis sagement dans une poussette, ils ne cherchaient pas à en sortir. La suce bien collée, ils tenaient leur toutou et observaient les gens. Pendant ce temps, mon fils avait réussi à pénétrer dans le cabinet d'un médecin dont la porte était restée entrouverte, avait fait le tour de la salle d'attente au moins dix fois et regardé des revues. La maman me demanda de surveiller ses enfants le temps qu'elle aille à la toilette. Pendant qu'elle fut partie, ni l'un ni l'autre n'a pleuré ni manifesté le désir de sortir de la poussette pour aller la rejoindre. « Sont-ils toujours comme ça, sages comme des images? » lui ai-je demandé à son retour. « Oui, les deux. J'ai les enfants dont rêvent tous les parents. Ils ont fait leurs nuits à quelques semaines de vie, ils pleurent à peine. Ils sont vraiment faciles. » J'aurais bien échangé ma petite girouette pour ces angelots pendant quelques heures! Mais mon fils est ainsi, et je l'aime.

Les premiers mois suivant la naissance de notre fille, je pleurais constamment en observant son petit visage souriant. J'avais tant voulu un garçon que je me sentais coupable de ne pas être heureuse que ce soit plutôt une petite fille. Je me disais que je n'avais pas droit à ses sourires, qu'elle ne me méritait pas! Avec le recul, j'ai réalisé que j'avais le droit de ressentir une certaine déception, que c'était normal, et que je n'avais pas à me sentir coupable. Aujourd'hui, ma fille est ma grande complice et je ne l'échangerais pas pour tous les garçons du monde!

Diane
maman de Vivianne

profonde déception... Si un sentiment de déception très fort par rapport au bébé persiste, il devient alors essentiel d'en discuter avec un professionnel de la santé pour améliorer la dynamique familiale avec bébé.

Combattre les blues et la déprime

Accoucher en hiver

Le moment de l'année où une femme accouche a un impact certain sur la dynamique mère-enfant au quotidien et, dans certains cas, sur sa récupération physique et psychologique.

Accoucher entre les mois de novembre et mars sera pour la femme une expérience différente que d'accoucher au printemps ou en été. Durant la période estivale, il est facile de sortir à l'extérieur avec bébé: on sort la poussette, c'est tout! Et il est si agréable d'être dehors à lire ou à se reposer pendant que le bébé dort dans son moïse ou allongé sur une couverture à même la pelouse. En automne et en hiver, sous nos latitudes, sortir est synonyme de foulards, gants, bottes, manteaux: longue préparation! Lorsque le temps est trop froid, on doit rester à l'intérieur. À cause de la froidure, la nouvelle mère peut alors vivre quelques jours sans sortir de la maison, seule avec le bébé, et ressentir de l'ennui ou de l'isolement.

Si la plupart des gens constatent une légère baisse d'énergie entre les mois de novembre et mars, due au manque de lumière et au froid, d'autres vivent des périodes de déprime plus marquée, voire de dépression. La littérature médicale nomme ces épisodes «blues hivernal» ou dépression saisonnière.

Chez les personnes vivant au nord du 40ᵉ parallèle (ici en Amérique du Nord, au nord de New York), 10% de la population souffrirait d'une véritable dépression[4]. Les femmes sujettes à des baisses d'énergie marquées durant cette période et qui accoucheront durant les mois d'hiver auront intérêt à mettre toutes les chances de leur côté pour maintenir une bonne santé, autant physique que psychologique. Saine alimentation, activité physique, élimination des stress évitables autant que possible, soutien de l'entourage...

Si accoucher en hiver n'est pas en soi une cause de dépression *post-partum*, il demeure néanmoins un facteur qui, combiné à d'autres éléments de stress (accouchement difficile, tensions familiales, bébé aux besoins intenses, allaitement exigeant, isolement géographique), peut amener des épisodes de déprime plus marqués.

La luminothérapie serait un moyen efficace pour traiter le blues hivernal, et elle ne serait pas nocive pour la femme enceinte ni celle qui allaite. Une exposition quotidienne à la lumière de ces lampes (comme le simulateur d'aube) aiderait grandement à maintenir un bon niveau d'énergie. Trente à soixante minutes d'exposition par jour suffisent, selon le modèle de lampe utilisé.

Lorsque les signes d'épuisement physique et moral persistent, il est sage de consulter un professionnel de la santé afin d'établir un bilan et envisager différentes approches thérapeutiques.

Selon les plus récentes études, environ 20 à 40 % des femmes qui viennent de mettre un enfant au monde rapporteraient des « problèmes » durant la période *post-partum*. Effectivement, ce nombre peut surprendre ! Toutefois, moins de la moitié d'entre elles souffriront de dépression *post-partum* (une femme sur huit), d'où l'importance de différencier l'épuisement « attendu » après une naissance d'un début de dépression. Le blues *post-partum* survient chez la majorité des nouvelles mamans. Je préviens mes patientes – et leur conjoint – à la fin du suivi de grossesse que cela risque bien de leur arriver. Quand on sait un petit peu à quoi s'attendre, c'est souvent moins difficile à vivre.

Dre Mélanie Béliveau
M.D. et professeur

La dépression et le cafard post-partum

Il existe trois formes de dépression *post-partum*. D'abord le cafard *post-partum*, ou « baby blues », qui fait son apparition entre la deuxième et la dixième journée après la naissance de l'enfant et disparaît au bout de quelques jours : il toucherait entre 50 % et 80 % des femmes. La dépression *post-partum*, elle, apparaît durant la première année suivant la naissance de l'enfant et toucherait 10 % à 20 % des femmes. Quant à la psychose *post-partum*, la forme la plus grave, elle toucherait environ une femme sur mille.

La dépression *post-partum* peut toucher les femmes de toutes les classes socio-économiques ; les femmes scolarisées et favorisées économiquement sont donc aussi à risque. Même si elles ne font pas partie des « clientèles vulnérables » telles que déterminées par les CSSS et autres organismes d'intervention, les femmes scolarisées ou de classe moyenne à élevée peuvent souffrir de dépression *post-partum*. Malheureusement, le fait d'avoir déjà souffert de dépression augmente le risque d'avoir au moins un autre épisode dans 50 à 85 % des cas. Et ce risque augmente à chaque nouvel épisode de dépression... d'où la pertinence d'instaurer un traitement antidépresseur à long terme chez les femmes qui ont eu trois épisodes et plus.

Au cours des différentes étapes de la grossesse, de l'accouchement et de la lactation, le corps de la femme subit plusieurs changements hormonaux. Ils serviront à la fécondation, à la nidation de l'embryon sur la paroi utérine et au développement des seins en vue de la lactation. Durant l'accouchement, la sécrétion d'ocytocine par le fœtus stimule la production de prostaglandine par le placenta. Lors de l'allaitement, la succion du bébé libère de l'ocytocine, provoquant la contraction de cellules entourant les alvéoles et l'expulsion du lait ; l'ocytocine amène aussi les contractions de l'utérus. Toutes ces hormones bousculent la femme, qui peut ressentir une certaine forme de déprime.

Il est commun pour les nouvelles mères de ressentir une plus grande fatigue, voire une légère déprime, entre le deuxième et le dixième jour suivant l'accouchement. On appelle cela le cafard *post-partum*. Le cafard *post-partum* coïncide avec le processus de transformation du colostrum (le lait des premiers jours) en lait de transition ; de la troisième à la dixième journée, les risques de congestion mammaire sont plus élevés. Parfois, les manifestations sont spectaculaires : volume des seins, sudation abondante, fièvre. La troisième journée, les symptômes de déprime sont souvent accentués : troubles du sommeil (insomnie) ou de l'appétit, crises de larmes, changements d'humeur rapides, altérations cognitives (pertes de mémoire, difficulté de concentration). Normalement, ces symptômes disparaissent au bout de quelques jours.

Cette période est aussi celle où nous retournons à la maison et faisons face à nos nouvelles responsabilités. Si notre conjoint doit rapidement retourner au travail, que nous sommes monoparentale, qu'on reçoit peu ou pas d'aide des proches, il est utile d'en informer l'hôpital, la sage-femme, l'infirmière ou la travailleuse sociale du CSSS. Un trop grand isolement peut accentuer le sentiment de ne «pas y arriver», le découragement, la fatigue, et engendrer une dépression dès la troisième semaine *post-partum*.

Symptômes d'une dépression *post-partum*

À partir de quels symptômes doit-on s'inquiéter ? Quand doit-on consulter un médecin ou un psychologue ? Selon Dre Mélanie Béliveau, M.D. et professeur d'enseignement clinique de l'Université de Sherbrooke, un certain nombre de symptômes typiques, faisant leur apparition quelques semaines, voire quelques mois, après l'accouchement, doivent être décelés. Un minimum de cinq critères[5] parmi les suivants sont requis pour poser le diagnostic :

- augmentation ou diminution du besoin de sommeil ;

- humeur déprimée ;

- perte d'intérêt ou de plaisir ;

- fatigue ou perte d'énergie ;

- agitation ou ralentissement psychomoteur ;

- manque de concentration ;

- sentiments de dévalorisation ou de culpabilité, faible estime de soi ;

→

- anxiété ;

- augmentation ou perte d'appétit ; gain ou perte de poids ;

- idées suicidaires ou d'infanticide.

Ces symptômes, qui perturberont le fonctionnement de la nouvelle maman dans ses différents rôles sociaux (mère, conjointe, travailleuse, etc.), doivent être présents depuis au moins deux semaines.

Il semblerait aussi que certains facteurs biopsychosociaux peuvent moduler la réaction des femmes aux changements drastiques apportés – entre autres – par la chute soudaine des taux d'hormones à la suite de l'accouchement :

- une grossesse non planifiée, surtout chez une mère adolescente ;

- un manque de soutien de la part du conjoint ;

- une histoire personnelle ou familiale de dépression (la grossesse ne sera parfois qu'un révélateur de tendances dépressives dormantes) ;

- une faible estime de soi (la grossesse comme moyen ultime de combler un vide existentiel) ;

- certaines conditions médicales liées à la grossesse dont l'*hyperemesis gravidarum* (nausées et vomissements incoercibles de la grossesse) ;

- des conditions socio-économiques (ce dernier point est toutefois controversé).

Le traitement

Sans traitement, une dépression *post-partum* durera environ sept mois. Comme pour une dépression survenant à n'importe quelle autre étape de la vie adulte, une femme souffrant d'une dépression *post-partum* se verra offrir de la psychothérapie et des médicaments antidépresseurs. Par contre, les symptômes de certaines maladies ressemblent fortement à ceux de la dépression *post-partum*, comme l'hypothyroïdie et l'hyperthyroïdie. En conséquence, il est important de se faire correctement diagnostiquer et d'évaluer la fonction thyroïdienne avant de prescrire quoi que ce soit.

Dans le cas de la dépression postnatale, il semble que le rôle de la psychothérapie soit moins certain. Par contre, les antidépresseurs dans l'ensemble (surtout les ISRS, c'est-à-dire les inhibiteurs sélectifs de la recapture de la sérotonine) sont efficaces pour le traitement et la prévention de la dépression *post-partum* et ne nuisent pas à l'allaitement maternel. Une petite fraction seulement du médicament passe dans le lait maternel et de petites coliques y sont parfois associées. Les bénéfices de l'allaitement maternel – et du traitement antidépresseur – surpassent largement les effets indésirables ! Initié très lentement afin de minimiser les risques d'effets secondaires chez la mère, le traitement sera augmenté jusqu'à la bonne dose, sur une période de six à huit semaines. Enfin, après une rémission complète des symptômes, il faudra encore six mois avant de cesser la médication... afin d'éviter une rechute.

Les CSSS offrent un service psychosocial sans rendez-vous, mais les horaires d'ouverture varient selon les régions. La femme en crise sera reçue par un intervenant qui l'écoutera dans un premier temps et qui l'adressera, au besoin, à un autre service à l'interne du CSSS ou à l'extérieur. Il peut aider à déterminer le degré de crise que vit la femme. Un intervenant externe a souvent plus de recul que nos proches, qui vivent et ressentent eux-mêmes notre situation. N'hésitons pas à profiter de ce service, essentiel dans certains cas.

Extrait du journal de naissance de Sylvie, une jeune professionnelle mère d'un premier bébé qui avait déjà souffert d'une dépression et possédait des antécédents familiaux de dépression et de troubles bipolaires (maniaco-dépression).

Jour 1

Tu as un jour, tu es tout petit. Papa et moi te désirions tellement.

Jour 3

Enfin à la maison ! Je te prends dans mes bras et je réalise que tu es là. Je pleure de joie.

Jour 6

En une nuit, tout bascule. Tu pleures sans cesse et j'ai peur que Papa perde patience. Je perds donc confiance en lui. Je suis paniquée. Je me réveille aussi en sueurs à toutes les nuits, je me réveille dans des flaques de lait, j'ai de la difficulté à allaiter. Je suis si fatiguée que je n'ai pas l'énergie d'aller chercher du soutien au CLSC.

Jour 8

Je me mets à avoir peur de tout : j'ai peur que tu cesses de respirer la nuit et peur de t'écraser quand j'allaite, donc je ne dors pas avec toi. J'ai peur que nos chats te transmettent des maladies : je me lave les mains au moins vingt fois par jour. Je fais aussi de l'insomnie.

Jour 10

J'essaie de faire confiance à Papa dans les soins qu'il te donne, mais je trouve qu'il manque parfois de jugement. Il se sent constamment épié et la tension monte. C'est pas l'image de la famille parfaite que je m'étais faite ! L'adaptation est difficile. Tu as beaucoup de coliques : je me mets à croire (à tort) que tu es allergique aux protéines bovines et je coupe plusieurs produits dans mon alimentation. Je deviens aussi obsessive à regarder tous les ingrédients sur les étiquettes. J'ai aussi de grandes pertes de mémoire, ce qui provoque entre Papa et moi des disputes pour des stupidités...

Quatrième semaine

Noël arrive. Je suis terrifiée à l'idée de te présenter à des gens et que tu tombes malade. Je m'inquiète aussi de l'environnement, des polluants, des pesticides. J'ai presque le goût d'acheter une fermette pour élever mes poules et faire du compost !

Sixième semaine

Je prends des cours d'aquaforme pour retrouver ma taille. Je m'ennuie à la maison. J'ai de la difficulté à croire en mes compétences de mère, je lis tout sur le marché pour essayer de comprendre comment réussir à te faire faire tes nuits et à t'offrir ce qu'il y a de mieux. Or, les livres disent des choses différentes et les conseils des gens sont aussi tous différents. Je suis aussi incapable de faire des appels ou de prendre des décisions simples, ce qui augmente la charge de Papa.

Dixième semaine

Je pleure tous les jours. Je suis fatiguée. Grand-maman pense que c'est dû à l'allaitement, alors que je me lève aux trois heures pour t'allaiter. Moi, je crois que c'est à cause du manque de fer en raison des saignements causés par mon stérilet posé il y a un mois. Puis, coup de théâtre : la tension entre Papa et moi explose. Grosse dispute qui fera que je passerai dix jours avec toi chez grand-maman, sans Papa. Je pense même à la séparation et fais des démarches en ce sens. Je dors quatre heures par nuit après avoir fait des cauchemars terribles. Je pèse maintenant moins qu'avant de tomber enceinte, ce qui est inquiétant…

Troisième mois

Papa et moi, nous nous sommes réconciliés et nous allons voir une psychologue en thérapie conjugale. Les vieilles rengaines de mon enfance ressurgissent en thérapie. Ma gynécologue me suggère de prendre des antidépresseurs. Mais, dans mes symptômes d'anxiété, je m'inquiète des séquelles neurologiques qu'il pourrait y avoir sur toi. Je choisis d'essayer le traitement à l'oméga-3 avant de prendre une décision.

Quatrième mois

Je me dis que tu serais mieux sans moi, que je risquerais moins de te traumatiser en tant que mauvaise mère. Je commence à avoir des idées suicidaires. Je n'ai plus la force de te prendre, ni même le goût de te prendre quand tu pleures. J'en parle donc à Papa, et à ma famille. Définitivement, les oméga-3 ne fonctionnent pas ! J'appelle d'urgence mon ancienne psychiatre qui me prescrit un antidépresseur, pour un an. Elle me dit qu'un bébé est mieux avec une maman en vie et un attachement sain. En moins de deux semaines, je vais mieux. Malheureusement, j'ai des effets secondaires comme le gain de poids et la perte de libido. Difficile à accepter, mais c'est si extraordinaire d'aller bien.

Sixième mois

C'est la fête des Mères. Je suis heureuse d'être vivante et d'être là pour toi… T'offrir ce qu'il y a de mieux. Je sais aujourd'hui qu'une maman en santé qui écoute son cœur et son instinct est ce qu'il y a de mieux à te donner ! Et puis, au diable les conseils et les livres !

Le rôle des oméga-3

Des études scientifiques de plus en plus nombreuses se penchent sur le rôle des acides gras essentiels – les oméga-3 – sur la santé. Un régime alimentaire riche en oméga-3 améliorerait la santé du cerveau et préviendrait, entre autres, la dépression – y compris la dépression *post-partum*. Selon D[re] Marie-Josée Poulin, psychiatre et responsable médicale du Programme de psychiatrie périnatale au Centre hospitalier Robert-Giffard, «le taux de suicide est 70 fois plus élevé durant l'année qui suit un accouchement que durant toute autre période de la vie d'une femme. On sait qu'ils [les oméga-3] régularisent et stabilisent la fluidité et la viscosité des membranes neuronales. Or, une des hypothèses actuelles sur les causes de la dépression, c'est que les membranes des neurones deviennent plus visqueuses, ce qui influence négativement le fonctionnement des neurotransmetteurs. Les oméga-3 méritent de figurer en bonne place pour le traitement de la dépression chez les femmes, notamment en raison de leur innocuité en cas de grossesse et d'allaitement et aussi parce qu'on sait que les apports sont insuffisants[6].»

On retrouve les oméga-3 essentiellement dans les poissons et les crustacés. D'ailleurs, le taux de dépression *post-partum* en Asie est entre trois et vingt fois moins élevé qu'en Europe et en Amérique du Nord, où l'alimentation est beaucoup moins riche en poissons et crustacés[7]. On peut intégrer de l'oméga-3 à notre régime alimentaire de diverses façons, soit par des suppléments en vente libre dans les magasins d'aliments naturels, soit en augmentant notre consommation d'aliments qui en contiennent naturellement (sardines, saumon, espadon, graines de lin, soya, tofu, noix de grenoble, huile de canola) ou qui ont été enrichis d'oméga-3 (œufs, jus d'orange).

L'alimentation

Une bonne alimentation contribue au bien-être de la nouvelle mère et à sa capacité de «maintenir le cap». Un régime équilibré est essentiel. Pas question de diminuer l'apport calorique, surtout si la mère allaite : elle dépense 300 à 500 calories supplémentaires par jour par rapport à la mère qui alimente son bébé au lait artificiel.

Il faut, idéalement, manger trois repas par jour. Mais un bébé exigeant laisse parfois peu de temps à sa maman pour s'alimenter comme avant. Une bonne solution consiste alors de manger plusieurs collations au lieu de trois grands repas. Il est possible de bien se nourrir même en mangeant sur le pouce ; c'est la qualité des aliments qui importe.

Comme vous serez souvent à la maison, la tentation de manger des sucreries sera plus grande si vos armoires regorgent d'aliments non nutritifs et préemballés. Ayez toujours dans l'armoire des noix (pistaches, cajous, amandes), des fruits secs (dates, figues, raisins) et des compotes non sucrées (les desserts pour bébé sont d'excellentes compotes et ils ne contiennent habituellement aucun sucre). Achetez des céréales de type muesli qui comportent beaucoup de grains entiers, cela aussi fait une bonne collation qu'on peut s'enfiler en vitesse. Si vous avez quelques minutes de disponibles, coupez à l'avance vos légumes afin que vous puissiez aisément les manger en trempette sur le pouce. Vous pouvez aussi vous préparer des lunchs à l'avance.

Une bonne alimentation est le meilleur moyen de combattre les pertes d'énergie et la fatigue. Bien que ce soit tentant, il faut éviter de consommer une trop grande quantité d'excitants (café, thé, chocolat, boissons gazeuses). En plus de surexciter l'organisme, ils ont aussi comme effet secondaire d'empêcher l'absorption de certains minéraux, dont le fer, si important pour la santé de la nouvelle mère.

L'alimentation et l'allaitement

On ne recommande pas de régime particulier pour l'allaitement. Il est vrai que beaucoup d'aliments donnent du goût au lait, mais il n'est pas nécessaire de changer vos habitudes alimentaires. Ce qui importe, c'est la diversité, et l'équilibre

**Quelques idées de collations nutritives
qui se préparent en un tournemain :**

- un morceau de fromage, des biscottes de blé entier et un verre de jus de légumes ;

- une banane accompagnée d'amandes rôties ou grillées puis d'un verre de lait écrémé ;

- un sandwich au thon sur pain de blé entier, quelques cornichons ou des olives, un verre d'eau minérale ;

- une galette de riz brun tartinée de beurre d'arachide, un pot de compote non sucrée, une tisane ;

- du pain pita de blé entier, du hummous et un verre de jus de pomme ;

- une salade de légumineuses (il suffit d'ouvrir une boîte de légumineuses mélangées et d'y ajouter huile, vinaigre ou citron, sel et poivre – certains magasins les vendent toutes préparées) et un verre de lait de soya ;

- un demi bagel de blé entier tartiné de fromage à la crème, une pomme ;

- un bol de salade mesclun (vendue toute préparée dans les épiceries, donc pas besoin de la nettoyer), auquel vous ajoutez du jambon, du fromage, des tomates ou tout ce qui vous tombe sous la main ;

- des pâtes de blé entier et du pesto (vendu dans le commerce) ;

- une boîte de soupe aux lentilles (vendue dans le commerce) ;

- un œuf à la coque et une salade de tomates ;

- des raisins secs et du yogourt.

de l'alimentation. Par contre, les femmes qui allaitent doivent veiller à boire suffisamment de liquides, dont beaucoup d'eau.

Lorsque votre bébé est allaité, tout ce dont il a besoin pour se développer provient de ce que vous mangez. Voilà une raison de plus pour adopter un régime alimentaire sain. Optez pour des aliments très nutritifs et faibles en gras. Assurez-vous que votre régime alimentaire inclut d'excellentes sources de protéines, de calcium (brocoli, produits laitiers, soya), de fer (épinards, lentilles et légumineuses, œufs, poissons) et d'acide folique (asperges, épinards, légumineuses, jus d'orange ou d'ananas, graines de tournesol).

Les médecines alternatives

Les médecines alternatives, parfois dites douces ou complémentaires, peuvent soulager certains symptômes (maux de tête, maux de dos, mauvaise digestion, etc.) ou un mal-être général (fatigue, surmenage, anxiété) en *post-partum*. Elles offrent rarement une guérison instantanée ; il faut souvent plus d'un traitement pour sentir une nette amélioration. Par ailleurs, elles ne remplacent pas le diagnostic ou les traitements d'un médecin ou d'un psychologue en cas de pathologies, blessures, traumatismes ou chocs émotifs graves.

Le coût des traitements des thérapeutes alternatifs n'est pas remboursé par l'assurance-maladie du Québec, mais l'est partiellement par certains régimes d'assurance privés.

Avant de choisir un praticien, assurez-vous qu'il possède une formation adéquate et qu'il soit membre de l'Ordre qui régit sa profession. Ces Ordres exigent que leurs membres aient suivi une formation reconnue (par exemple : 400 heures de cours pour les massothérapeutes). Il est possible de trouver facilement ces renseignements sur Internet.

L'acupuncture

Selon la médecine chinoise, la grossesse, l'accouchement et les mois *post-partum* créent chez la femme un grand vide énergétique. Ce vide peut mener à des problèmes de digestion, de sommeil, d'épuisement, voire de dépression. Le vide énergétique sera accentué par une perte importante de sang ou par une césarienne. À l'instar des autres chirurgies abdominales, la césarienne coupe certains méridiens situés sous la cicatrice, entraînant une désensibilisation à ces endroits. L'acupuncture, à l'aide d'aiguilles insérées sur les points spécifiques des méridiens, peut aider à rétablir le niveau énergétique de la nouvelle mère, qu'elle ait accouché par voie vaginale ou par césarienne. Le thérapeute travaillera spécifiquement sur l'énergie du rein, ou ailleurs au besoin. Après une césarienne, par exemple, on stimulera les régions situées au niveau de la cicatrice pour que l'énergie vitale y circule à nouveau. Le thérapeute recommandera possiblement certaines plantes médicinales chinoises.

Le nouveau-né peut lui aussi bénéficier de traitements en acupuncture, par exemple pour diminuer ses coliques ou stabiliser son sommeil. Dans le cas d'un nourrisson, l'acupuncteur insère l'aiguille pendant quelques secondes seulement – le temps d'exposition des aiguilles équivaut à une minute par année de vie de l'enfant. Certains acupuncteurs se spécialisent dans le traitement des enfants. Lorsque ce n'est pas possible de le faire (certains enfants sont nerveux à la vue des aiguilles), il peut alors utiliser le *tuina*, une méthode qui utilise des points de pression plutôt que des aiguilles.

L'ostéopathie

L'ostéopathie est une approche diagnostique et thérapeutique des dysfonctions de la mobilité articulaire et tissulaire. Lors d'un traitement, le thérapeute vise à soulager la douleur et à relancer la vitalité du patient en restaurant la qualité du mouvement dans le corps. Il utilise des techniques manuelles comportant des manipulations (dont crâniennes) et aussi des techniques de mobilisation articulaire. Ces techniques sont non agressives et non traumatisantes. Au premier examen, l'ostéopathe observe le corps du patient, lui demande de se pencher en avant, sur le côté, de marcher. Il évalue ensuite, au toucher, les dysfonctions.

En *post-partum*, l'ostéopathie peut améliorer certains symptômes chez la femme : lorsqu'il y a un déplacement du sacrum, de l'intestin, ou des déséquilibres du plancher pelvien ; en présence d'incontinence urinaire due à des troubles de la statique pelvienne ou un déséquilibre du bassin ; au niveau du système neurovégétatif en présence de stress, d'anxiété, d'irritabilité ou de dépression.

Comme pour les acupuncteurs, certains ostéopathes se spécialisent particulièrement dans le traitement des femmes enceintes ou des enfants. Le nouveau-né peut aussi profiter de traitements en ostéopathie, entre autres pour soulager les coliques ou les problèmes de régurgitation. Un ostéopathe pourra effectuer des manipulations sur le bébé, tout en douceur, qui viseront à rétablir l'équilibre physique et émotif du bébé.

La massothérapie

Le bien-être et la détente éprouvés pendant et après un massage donné par un professionnel sont immédiats et durent de longues heures, voire des jours : le sommeil est plus réparateur, la digestion et la respiration meilleures. On flotte sur un nuage ! Un massage est aussi l'occasion rêvée de nous faire dorloter.

Porter et transporter le bébé, demeurer longtemps en position assise durant l'allaitement, et le manque de sommeil créent de nouvelles tensions musculaires dans le corps de la maman. Lors de la première séance, le thérapeute amorce un travail pour dénouer ces tensions situées généralement au cou, aux trapèzes, au bas du dos, dans les bras, les jambes, les muscles pectoraux (en particulier chez la maman qui allaite), et le faciès. Plus d'une séance est parfois nécessaire pour faire disparaître ces tensions lorsqu'elles sont ancrées profondément.

Il existe des techniques de massage spécifiques pouvant soulager des symptômes particuliers (anxiété, insomnie, maux de dos, etc.) chez la nouvelle maman : réflexologie (massage des pieds, dont chaque région est reliée à une partie du corps), shiatsu (décongestion manuelle des méridiens), drainage lymphatique (renforcement du système immunitaire), ou massage suédois (axé sur la détente musculaire).

Image corporelle et sexualité

La sexualité *post-partum* est un sujet qui, sans être tabou, est peu abordé, même entre femmes – même entre les conjoints.

D'un point de vue strictement physique, plusieurs facteurs entrent en ligne de compte lorsqu'il est question d'un retour à une sexualité normale. Tout d'abord, la femme continue d'expulser des lochies plusieurs semaines après l'accouchement. Le vagin, qui a été distendu pendant l'accouchement, reprend vite sa forme et son élasticité, surtout si l'on prend la peine de faire une rééducation périnéale (Kegels) afin de renforcer la musculature autour du vagin. Par contre, il en va tout autrement s'il y a eu déchirure ou épisiotomie, et le vagin peut demeurer sensible pendant un certain temps.

Les déchirures, l'épisiotomie, et la césarienne

Une déchirure peut se produire de façon spontanée lors de l'accouchement : elle est évaluée en degrés : du 1er, où seules la peau et les muqueuses sont touchées, jusqu'au 2e et 3e degrés où les muscles du périnée (la région située entre l'anus et les parties génitales) sont atteints.

L'épisiotomie est une incision du périnée pour élargir le vagin à la naissance. Dans la plupart des cas, l'épisiotomie est médiane, c'est-à-dire dirigée du vagin vers l'anus. L'épisiotomie est parfois une pratique de routine chez certains médecins. Au Québec, le taux d'utilisation de l'épisiotomie varie selon le type

La femme doit se donner du temps, le périnée ne se remet pas de l'accouchement du jour au lendemain. [...] Il est déjà arrivé un cas où un médecin avait recousu une déchirure de façon trop serrée, croyant faire plaisir au conjoint. C'est tout le contraire qui est arrivé : la pénétration fut difficile pour lui. Parlant de la situation avec son médecin, la femme se fit répondre « On arrangera cela à ton prochain accouchement. » Comme si ce détail était banal dans sa vie...

Caroline Abram
sexologue clinicienne, psychothérapeute et maman d'un jeune garçon

de praticien : 33,6 % en 1998-1999 chez les médecins (avec des variations régionales de 25 à 50 %), contre 5 à 6 % chez les sages-femmes. On constate toutefois une baisse de l'épisiotomie en milieu hospitalier depuis dix ans, alors qu'il était du double[8]. Après l'épisiotomie, les problèmes sont plus nombreux que lors d'une déchirure spontanée. Isabelle Brabant, sage-femme, mentionne que, dans certains cas, l'épisiotomie et la cicatrice ont un impact sur les relations sexuelles sur des périodes pouvant aller jusqu'à plusieurs mois[9].

La difficulté à uriner ou à aller à la selle, la crainte de briser les points de suture sont aussi des obstacles au retour d'une sexualité épanouie. Qu'une femme ayant subi une épisiotomie se sente atteinte au plus profond de sa féminité (au sens propre et figuré) n'est pas surprenant... Les douleurs et les inconforts peuvent nuire à l'estime de soi et accentuer le sentiment de n'être plus « à la hauteur » comme amante.

Quant à la césarienne, même si elle n'est pas reliée à une douleur vaginale lors de la pénétration, la femme peut vivre un inconfort physique pendant quelques semaines, rendant les relations sexuelles moins agréables.

Les autres facteurs

Même si le corps de la femme est entièrement remis de l'accouchement, plusieurs autres raisons peuvent expliquer sa réticence à recommencer à avoir des relations intimes avec son partenaire à la suite de l'accouchement. Les femmes citent habituellement les raisons suivantes :

- la fatigue ;

- la peur de réveiller le bébé s'il dort dans la même chambre ;

- le désir moins élevé (à cause de l'allaitement, d'un surplus de poids ou d'une déception face à l'implication du conjoint).

> J'ai eu beaucoup de problèmes avec ma cicatrice et donc ça a pris des mois avant que je ne retrouve une sexualité normale.
>
> *Julie*

> Mon bébé a un mois. On n'a pas encore recommencé les relations. Le dernier trimestre de la grossesse, mon conjoint ne voulait plus faire l'amour car il avait le sentiment de faire l'amour à trois avec notre enfant. Depuis sa naissance, il est maintenant plein d'ardeur et veut faire l'amour à nouveau. Mais moi, je ne suis pas encore prête.
>
> *Joannie*

Résultats d'un mini sondage sur la sexualité des femmes en *post-partum*[10]

J'étais curieuse de savoir comment les femmes vivaient leur sexualité après la naissance des enfants, non seulement au niveau physique, mais aux niveaux psychologique et affectif. J'ai approché, sous le couvert de l'anonymat, une cinquantaine de femmes afin de savoir comment s'était vécue leur sexualité à la suite de la naissance de leur enfant. L'âge moyen des répondantes (31,7 ans) correspondait tout à fait à la moyenne actuelle, chez la femme québécoise, pour avoir un premier enfant, soit 29 ans[11]. À noter que 14 % des répondantes au questionnaire avaient deux enfants ou plus, augmentant ainsi légèrement la moyenne d'âge par rapport à la moyenne nationale pour un premier enfant. Je n'ai relevé aucune différence d'âge significative chez les femmes pour chacune des questions. L'âge ne serait pas un élément déterminant pour ce qui est, par exemple, du retour à une vie sexuelle active, le sentiment de ne pas plaire, ou les attentes face au conjoint. Un écart d'un ou deux ans, au maximum, a été noté.

En moyenne, 65 % des femmes ayant répondu au sondage disaient avoir repris une vie sexuelle active entre cinq et douze semaines après leur accouchement, et 17 % d'entre elles l'avait fait à huit semaines. Toutes les réponses variaient sur une période de deux semaines à neuf mois[12]. Pour la majorité des répondantes, cette reprise des activités sexuelles avait été à la fois plutôt agréable et douloureuse (22 % des répondantes ayant coché « douloureuse » avaient aussi coché « plutôt

➡

agréable)[13]. C'est donc dire que, malgré la douleur éprouvée, elles auraient apprécié ces retrouvailles sensuelles.

La plupart des femmes (71 %) n'avaient remarqué aucune baisse d'intérêt érotique de la part de leur conjoint dans les mois suivant la naissance. La majorité des femmes (74 %) avaient repris leurs activités sexuelles par goût personnel et non pour faire plaisir à leur conjoint.

Chez celles qui se disaient déçues (25 %) du manque d'implication du conjoint par rapport au bébé, 77 % affirmaient lui en vouloir et 66 % avouaient que leur intérêt érotique envers lui avait diminué en conséquence. On a d'ailleurs noté une forte corrélation entre le fait de reprendre une vie sexuelle active « pour faire plaisir » et le fait que le conjoint n'ait pas répondu aux attentes de la femme.

On n'a pas de relations actives car j'ai de la misère à accepter mon corps comme il est rendu. De plus, j'allaite, alors ma libido est à zéro.

Mireille

Il nous est parfois arrivé de nous caresser avec le désir de faire l'amour… mais de nous endormir ! Jamais nous n'avions imaginé cela possible : plonger dans les bras de Morphée durant les préliminaires amoureux. C'est dire à quel point l'un et l'autre étions crevés.

Souvent, mon conjoint voulait caresser mes seins immédiatement après la tétée de Florent. Mais moi, je n'en avais pas du tout envie, du moins pas aussi vite. La raison ? Mes seins avaient besoin de repos ! Ils « travaillaient » toutes les deux heures…

Il me fallait du temps « juste pour moi » immédiatement après une tétée afin de « refaire mon espace ». Une dizaine de minutes suffisaient, mais si je ne les avais pas, je me sentais envahie. Il fallait à mon corps nourricier ce temps d'adaptation afin de laisser place à l'amante.

Certaines femmes se sentent carrément moins désirables et ont une image négative de leur corps en raison du poids pris durant la grossesse, d'un ventre trop mou, de seins tombants, des vergetures ou des cicatrices (en cas de césarienne ou d'épisiotomie). De plus, les nouvelles responsabilités liées à la transformation du couple en famille peuvent entraîner des mésententes qui ont des répercussions inévitables sur l'harmonie au sein du couple et, donc, sur son intimité sexuelle.

La sexualité ne doit pas être une tâche que l'on accomplit par obligation. Il est important de prendre le temps de se retrouver, de ne pas précipiter les choses. Le couple devrait prendre le temps d'échanger des caresses ; ces rapprochements physiques permettent au couple de se sentir proche et favorisent la reprise d'une sexualité complète quand la femme s'y sentira prête physiquement et psychiquement.

Allaitement maternel et sexualité

Les seins sont une partie intégrante de la sexualité féminine. Or, lorsque la femme allaite, ses seins sont constamment sollicités. Elle peut ainsi être moins réceptive à ce genre de caresse, surtout si elle souffre de gerçures ou de crevasses aux seins. Le conjoint doit alors faire preuve de compréhension.

De plus l'allaitement cause chez certaines femmes des problèmes de lubrification vaginale. Certains gels s'appliquent au moment des relations sexuelles ; d'autres s'utilisent une ou deux fois par semaine (sauf lors des relations sexuelles) et s'intègrent bien à la routine de la douche ou du bain.

Ce n'est pas seulement le vagin qui est plus sec, mais toutes les muqueuses, dont la bouche. C'est pourquoi la femme qui allaite a souvent très soif. La prolactine diminue le désir sexuel de façon significative les quatre premiers mois *post-partum* lorsque la femme allaite ; après, la prolactine retrouve un taux normal. Pour pallier la sécheresse vaginale, on peut utiliser des gels en vente libre. Il est fortement recommandé de les utiliser, sinon on risque de tomber dans un cercle vicieux : douleur, peu de plaisir, amenant la femme à repousser les relations de plus en plus.

Caroline Abram
sexologue clinicienne,
psychothérapeute et maman
d'un jeune garçon

Devenir enceinte de nouveau

Votre bébé a trois mois, six mois ou neuf mois, et vous apprenez que vous êtes de nouveau enceinte. Cette nouvelle sera accueillie avec joie, surprise, inquiétude ou déception selon ce que vous espériez. Toutes les émotions sont normales.

Plusieurs femmes s'inquiètent *a priori* des effets de cette deuxième grossesse rapprochée sur leur corps et leur forme. Elles ont d'ailleurs beaucoup d'inquiétudes et de questionnements, auxquels personne dans leur entourage ne semble pouvoir répondre, chacun y allant de son avis. Voici dans l'ensemble la plupart des questions qu'elles se posent :

- Puis-je continuer à allaiter même si je suis enceinte ?

- Comment vais-je retrouver la forme ?

- Vais-je prendre beaucoup de poids si je n'ai pas eu le temps de perdre celui de la grossesse précédente ?

- Mon corps ou mes seins deviendront-ils flasques?

- Comment vais-je arriver à concilier les réveils nocturnes de mon bébé et ma fatigue actuelle avec l'épuisement inévitable causé par cette grossesse?

- Comment vais-je réussir à prendre soin de deux bébés aux couches?

- Est-ce que je dois mettre fin à mon congé de maternité et retourner travailler immédiatement afin de pouvoir avoir mon congé de maternité pour le deuxième?

- Comment mon employeur va-t-il réagir?

- J'ai eu une césarienne pour mon premier bébé. Est-ce qu'il est dangereux d'avoir une deuxième grossesse rapprochée?

Une étude préliminaire parue dans le *British Medical Journal* indiquait que les femmes qui ont des grossesses extrêmement rapprochées (moins de six mois entre l'accouchement et la nouvelle grossesse) sont légèrement plus susceptibles d'avoir un bébé prématuré[14]. Des études récentes portant sur plus de 11 millions de grossesses, montrent aussi que des intervalles trop rapprochés entre les grossesses augmentent le risque de bébés de petit poids à la naissance. D[re] Rachel Royce, épidémiologiste à l'Institut international de recherche Triangle estime que l'Organisation mondiale de la santé (OMS) devrait recommander un intervalle de dix-huit mois à cinq ans entre les grossesses pour maximiser la santé du bébé et de sa maman[15]. La mère risque aussi d'être plus fatiguée. Le manque de fer et autres minéraux peut être en cause – à investiguer avec votre médecin traitant, votre sage-femme ou nutritionniste. Quant à celles qui ont eu une césarienne, il sera fort peu probable qu'un médecin accepte de procéder à un AVAC (accouchement vaginal après césarienne) du fait que la cicatrice sera très récente. Autrement, il n'y a pas de problème concret à signaler, puisqu'on indique que l'utérus est complètement cicatrisé en dedans de six semaines.

Comme nous avons fondé notre famille sur le tard (j'avais 38 ans), moi et mon conjoint nous avons joué le tout pour le tout et eu nos trois enfants très rapprochés (Émilie 5 ans, Jonathan 3 ans et demi et Mathilde 22 mois). C'est sûr que c'est difficile au début et qu'il faut souvent se munir d'articles en double ou en triple (chaises hautes, sièges d'auto, etc.), mais les enfants ont une si belle complicité que nous ne regrettons rien!

Sophie

Une grossesse rapprochée de la première ne signifie pas non plus que votre corps va soudainement se laisser aller. Vos seins ne seront pas plus tombants que si vous aviez attendu deux ans avant de tomber enceinte de nouveau. Quant au surplus de poids, si votre régime est équilibré et que vous êtes active physiquement (ce que vous devriez faire indépendamment du fait que vous soyez enceinte de nouveau ou non), vous retrouverez sans problème votre forme.

En ce qui concerne l'allaitement, il existe bien plus d'idées reçues que de contre-indications réelles à l'allaitement pendant la grossesse. Votre corps peut très bien faire les deux. Il est faux de croire que votre lait sera moins riche parce que vous êtes enceinte, que l'allaitement provoquera une fausse-couche ou nuira à la croissance du futur bébé. Votre lait se modifiera graduellement au fil des mois de la grossesse afin de devenir du colostrum pour le bébé naissant, mais cela ne posera pas de problème à votre aîné du point de vue de l'apport nutritif puisqu'il aura certainement un menu plus varié par le temps que le deuxième ne vienne au monde. Par contre, les changements hormonaux de la grossesse rendront peut-être vos mamelons plus sensibles, certaines parlent même d'une douleur insupportable. Ainsi, allaitez aussi longtemps que vous le désirez.

Si vous devenez enceinte pendant votre congé parental, que devez-vous faire? Vous aurez beaucoup de décisions à prendre et de calculs à faire en fonction de vos capacités financières. Au Québec et au Canada, la Commission des normes du travail indique qu'un employeur ne peut faire de discrimination envers une employée qui est ou a l'intention de devenir enceinte. Il ne peut donc pas vous congédier parce que vous êtes enceinte. Vous devez par contre aviser votre employeur par écrit de votre situation et de vos intentions. Le nouveau régime québécois de prestations parentales indique que, pour recevoir des prestations, il n'est pas nécessaire de travailler un nombre minimal d'heures. Il faut cependant avoir gagné un revenu d'au moins 2000 $ et avoir cotisé au régime d'assurance-parentale. Par contre, plus petit est le revenu gagné, plus petit sera le montant des prestations...

Notes

1. Yves Saint-Arnaud. *Les petits groupes*, Boucherville, Gaëtan Morin, 2002, p. 81.

2. Françoise Dolto. *Lorsque l'enfant paraît*, tome 1, Paris, Éditions du Seuil, 1979, p. 85-86.

3. Armin A. Brott. *Moi aussi j'attends un enfant! Le guide du futur papa*, Éditions Momentum, 2000, p. 216. Traduit de l'américain *The expectant father*, chez Abbeville Press.

4. David-Servan Schreiber. *Guérir*, Paris, Robert Laffont, 2003, p. 122. Tiré de Haggarty, J. M., Z. Cernovsh *et al.* « The limited influence of latitude on rates of seasonal affective disorder », *Journal of Nervous and Mental Disease*, 2001, vol. 189, p. 482-484.

5. Adapté de : American Psychiatric Association. *Diagnostic and Statistical Manual of Mental Disorders : DSM IV*, Washington, D.C., American Psychiatric Press, 1994, p. 327.

6. *Dépression avant ou après l'accouchement : les oméga-3 doublement bénéfiques!* En ligne (consulté en juin 2005) : www.reseauproteus.net/fr/Actualites/Nouvelles/Fiche.aspx?doc=2005040110

7. David Servan-Shcreiber. *Guérir*, Paris, Robert Laffont, 2003, p. 146.

8. Ministère de la santé et des services sociaux. *Fichier Med-Écho*, Direction de l'évaluation, Québec, 1998-1999, dans Isabelle Brabant. *Une naissance heureuse*, Montréal, Éditions Saint-Martin, 2001, p. 302.

9. Isabelle Brabant. *Une naissance heureuse*, Montréal, Éditions Saint-Martin, 2001, p. 301-303.

10. Le questionnaire a été distribué à 50 femmes ayant des enfants en âge préscolaire ; 47 d'entre elles l'ont rempli et me l'ont retourné : un taux de réponse de 94 %. D'une part, le questionnaire a été distribué lors de rencontres postnatales ayant eu lieu dans des centres communautaires ; les femmes y répondaient puis glissaient le questionnaire dans une enveloppe blanche, qu'elles scellaient ensuite, assurant ainsi l'anonymat. D'autre part, j'ai fait du recrutement auprès de personnes, d'organismes et d'associations diverses, leur demandant de faire part de ma demande à leurs connaissances ou leurs membres. Aux personnes intéressées au sondage, j'envoyais le questionnaire accompagné d'une enveloppe affranchie et préadressée. Dans tous les modes de recrutement, l'anonymat complet a donc été respecté.

    Le questionnaire était exclusivement constitué de questions fermées, mais j'eus l'agréable surprise de trouver plusieurs commentaires écrits par les participantes. J'interprète ce geste spontané comme une marque d'intérêt pour le sujet : les femmes ont des choses à dire sur leur sexualité postnatale.

11. Presse Canadienne. « Les Canadiennes attendent plus longtemps pour fonder une famille », *La Presse*, 12 juillet 2005.

12. Distribution : 25 ans et moins (4 %) ; 26 à 30 ans (46 %) ; 31 à 35 ans (35 %) ; 36 à 40 ans (13 %) ; 41 à 45 ans (2 %) ; 46 ans et plus (2 %). Distribution : 1 à 4 semaines (28,5 %) ; 5 à 8 semaines (53 %) ; 9 à 12 semaines (12 %) ; 13 à 16 semaines (0 %) ; 17 à 20 semaines (2 %) ; 21 à 24 semaines (2 %) ; 25 semaines et plus (2 %). En tout, 17 % des répondantes ont repris une vie sexuelle active à huit semaines *post-partum*.

13. Distribution : très agréable (2 %) ; plutôt agréable (48 %) ; désagréable (14 %) ; douloureuse (37 %).

14. *British Medical Journal*, 9 août 2003, cité dans « Close Pregnancies Increase Risk ». En ligne (consulté en février 2006) : www.webmd.com/content/Article/72/81638.htm

15. Carla Johnson. « De 18 mois à cinq ans seraient nécessaires entre deux grossesses » *Cyberpresse*, AP Chicago, 16 avril 2006.

Le retour
au travail

Le retour au travail est un moment charnière pour la nouvelle mère. Moment souvent empreint de sentiments contradictoires, à divers degrés bien sûr, selon chaque mère et chaque situation. Mais, chose certaine, il ne laisse aucune mère indifférente. Plus d'une nouvelle maman est à la fois enthousiaste de retrouver un travail qu'elle aime et une vie «bien à elle», mais triste à l'idée d'être séparée de son enfant, surtout s'il est gardé dans un milieu extérieur à la famille proche ou élargie. Dans la plupart des cas, avant l'âge d'un an, l'enfant n'a pas acquis la maîtrise de la marche, il ne parle pas, il est parfois allaité, ou il ne fait pas ses nuits: c'est encore un tout-petit.

La nécessité économique oblige parfois la mère à retourner au travail: son salaire est essentiel à la survie de la famille. Mais pour certaines mères, rester à la maison est impensable, même si elles étaient rémunérées pour le faire: ce mode de vie ne convient pas à leur personnalité ni à leurs aspirations professionnelles. D'autres jeunes mères resteraient volontiers à la maison avec l'enfant au-delà du congé parental mais elles font face à la désapprobation du conjoint. Ce dernier appréhende l'idée d'avoir à subvenir, seul, aux besoins de la famille, et que son pouvoir d'achat diminue. Dans ce cas de figure, le retour au travail de la mère est vécu comme une «obligation».

Conciliation travail-famille

On dit de la mère qui travaille qu'elle occupe en fait deux emplois à temps plein: celui à l'extérieur qui est rémunéré, celui à la maison qui ne l'est pas. Lorsque la femme retourne sur le marché du travail après son congé parental, sa charge de travail croît au point d'être parfois impossible à accomplir. Certaines normes encadrent bel et bien la conciliation travail-famille et permettent aux parents, sur une base ponctuelle, de

Durant le congé parental – surtout s'il est d'une durée d'un an – des doutes peuvent s'installer chez la femme en rapport avec son retour sur le marché du travail: «Vais-je être à la hauteur?». «Suis-je à jour dans mes compétences?». «Serai-je capable de concilier travail et famille?». Certaines femmes sont très déstabilisées par une période «au neutre» pendant environ un an; elles ont alors besoin d'une préparation psychologique avant de reprendre leur métier ou profession.

L'équipe du Coffre[1]

Mon retour au travail fut facilité parce que j'avais un bon patron. J'ai beaucoup apprécié recevoir de nouveau un plein salaire. Par contre, j'ai eu de la misère à accepter que quelqu'un d'autre élève mon enfant 45 heures semaine: je ne pouvais pas tout connaître de l'environnement où mon enfant passait ses journées. Mais au deuxième enfant, j'étais moins inquiète puisqu'il fréquentait le même endroit.

Abdia

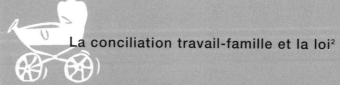

La conciliation travail-famille et la loi[2]

Pour moi, la conciliation travail-famille idéale serait de pouvoir alléger ma tâche à 60 % pour une période de quelques années ; être capable de gérer moi-même mon horaire de travail sans être obligée d'être présente au bureau du lundi au vendredi, de 9 h à 17 h ; et avoir la possibilité de partager un poste avec une autre personne.

Martine

Depuis le 1er mai 2005, un salarié peut s'absenter du travail pendant cinq journées à l'occasion de la naissance de son enfant, de l'adoption d'un enfant ou lorsque survient une interruption de grossesse à compter de la 20e semaine de grossesse. Les deux premières journées sont rémunérées si le salarié est à l'emploi de son employeur depuis plus de 60 jours.

Un salarié peut aussi s'absenter du travail, sans salaire, pendant dix journées par année pour remplir des obligations liées à la garde, à la santé ou à l'éducation de son enfant ou de l'enfant de son conjoint. On peut prendre ce congé de façon morcelé, soit une journée à la fois, et même fractionner les journées si l'employeur y consent. De son côté, le salarié s'engage à aviser rapidement l'employeur de son absence et à prendre les moyens raisonnables à sa disposition pour limiter la durée du congé.

Un salarié qui compte trois mois de service continu peut s'absenter du travail sans salaire pendant une période d'au plus douze semaines sur une période de douze mois lorsque sa présence est requise auprès de son enfant en raison d'une maladie ou d'un accident graves. Il doit aviser l'employeur le plus tôt possible de son absence et, sur demande, fournir un document la justifiant. Cette absence peut se terminer au plus tard 104 semaines après le début de celle-ci lorsque l'enfant mineur du salarié est atteint d'une maladie grave, potentiellement mortelle, attestée par un certificat médical.

s'absenter du travail pour prendre soin de leurs enfants malades. Cependant, bien que quelques entreprises offrent une certaine flexibilité, ça demeure du cas par cas et il n'existe toujours pas de politique plus soutenue visant à faciliter la conciliation travail-famille sur une base régulière (horaire de quatre jours, horaire flexible, etc.).

Pour plusieurs mères, le temps partiel constituerait *la* solution idéale, car cela leur permettrait de consacrer du temps à leur famille tout en gardant leurs acquis sur le marché du travail, tant au niveau économique (fonds de pension, avantages sociaux) que des compétences professionnelles (formation continue, mise à jour des connaissances). Dans le milieu de la santé, on offre aux jeunes mères un retour progressif à leur poste de travail sur une période d'un an : cette option permet à la femme de réintégrer son milieu professionnel en douceur.

Il faudrait offrir plus d'options aux parents : travail à temps partiel, heures flexibles, garderie en temps partagé, listes d'attente moins longues pour les garderies, etc. et surtout plus de flexibilité pour répondre aux besoins très différents des familles québécoises. Il faudrait aussi sensibiliser les entreprises et le patronat à l'importance de la conciliation travail-famille et à l'importance de l'implication du père.

En effet, la culture organisationnelle des entreprises demeure en grande partie basée sur les anciens modèles de travailleurs. Il résulte donc que les différentes politiques d'aménagement du travail sont incompatibles avec les responsabilités parentales. Trop souvent, les patrons tiennent pour acquis que c'est la conjointe qui est *de facto* responsable des soins et des activités avec l'enfant.

C'est donc dire que, pour l'instant, la conciliation travail-famille demeure une utopie pour plusieurs. Il s'agit pourtant d'une réalité incontournable pour *toutes* les familles. Il appartient donc à chacun de faire au mieux avec les ressources à sa disposition. S'il vous est impossible d'obtenir un aménagement du temps de travail de votre employeur afin de concilier votre vie de famille, il vous faudra alors adopter de nouvelles stratégies afin d'accorder davantage de temps à votre famille.

Je trouve difficile de ne plus pouvoir – ni vouloir – être disponible en tout temps pour des réunions le soir, etc. Et être perçue comme celle qui n'en fait pas plus qu'il ne le faut parce qu'à 17 h elle doit partir pour son deuxième « shift » à la maison.

Martine

Je souhaiterais que les patrons aient une meilleure compréhension des besoins de l'enfant (visites à la clinique, fête à la garderie, etc.) lorsque le père veut s'impliquer.

Stéphane

**Exemples de stratégies pour concilier
le travail et la famille**

- Ayez des attentes réalistes et évitez de tomber dans le piège de la super maman qui cuisine, nettoie, fait les courses, travaille, est toujours de bonne humeur et consacre du temps à tous sauf à elle-même.

- Profitez de votre heure de lunch pour régler des dossiers de la maison non urgents (payer des factures, faire des téléphones, prendre des rendez-vous, planifier les menus de la semaine ou faire la liste d'épicerie).

- Inscrivez-vous au service offert par votre institution bancaire ou votre caisse qui vous permettra de régler vos factures en ligne. Vous pourrez ainsi régler des comptes sur votre heure de lunch ou le soir à la maison et vous sauverez un temps fou.

- Organisez-vous! La meilleure façon d'abaisser le niveau de stress lorsqu'on sent qu'on est débordé c'est de planifier à l'avance. Ainsi, sortez chaque soir les vêtements que la famille portera le lende-main, sortez les condiments du petit déjeuner et dressez la table avant de vous coucher. La fin de semaine, préparez des lunchs et des soupers à l'avance.

- Munissez-vous d'un congélateur ou d'un deuxième réfrigérateur et garnissez-le amplement afin d'éviter les courses de dernière minute à l'épicerie. Faites congeler le pain, le beurre et achetez des légumes

→

congelés. Lorsque vous cuisinez, faites de grosses portions que vous pouvez congeler pour des repas ultérieurs.

- Achetez des vêtements qui demandent peu d'entretien (lavables à la machine, infroissables et sans repassage). Ceci vous évitera entre autres de courir au nettoyeur.

- Si vos moyens vous le permettent, déléguez à d'autres personnes des tâches lourdes comme le déblayage de la neige, la tonte de la pelouse, l'entretien de la maison. Ce sont quelques centaines de dollars qui valent leur pesant d'or en liberté d'esprit...

- Ne conservez que les activités essentielles dans votre quotidien et n'inscrivez pas vos enfants à 1001 activités qui feront de vous une girouette.

Le réseau de soutien

Retourner au travail demande d'avoir un bon réseau afin de pallier les urgences, par exemple lorsque le bébé est malade et que la garderie refuse de recevoir l'enfant, que les deux parents doivent travailler plus tard le soir ou qu'ils doivent suivre une formation. Si l'enfant est gardé en milieu familial, il faut que les parents adoptent un «plan B» lorsque la gardienne est en vacances. En effet, plusieurs gardiennes ferment leur service de garde quelques semaines pendant l'été, durant le temps des Fêtes et lors de la semaine de relâche au printemps. Il faudra, autant que possible, que les parents fassent coïncider leurs vacances avec celles de la gardienne. Si non, ils devront trouver d'autres ressources pour s'occuper de l'enfant durant cette période. Avoir le soutien des parents, des beaux-parents, d'amis ou d'une gardienne à la maison est alors essentiel.

Certains soirs ou les fins de semaine, l'aide d'une tierce personne à la maison permet aux parents de passer davantage de temps en famille et d'en avoir pour eux-mêmes. Cela évite l'accumulation de fatigue et le sentiment de ne jamais y arriver tout à fait parce que les obligations de base surpassent le temps objectif qu'on peut leur accorder. Combien de couples ont l'impression que l'arrivée du week-end est synonyme de travail domestique et de course contre la montre?... Des arrangements permettant un peu de répit – de façon ponctuelle ou hebdomadaire – peuvent se planifier à l'avance, de préférence avant le retour au travail.

Retourner au travail peu de temps après l'accouchement

Les travailleuses autonomes et les professionnelles

Depuis janvier 2006, les travailleuses autonomes reçoivent maintenant des prestations de congé parental au même titre que les salariées. Cependant, leur réalité est différente des salariées et la grande majorité des travailleuses autonomes doivent reprendre leur poste ou la direction de leur entreprise rapidement après la naissance, en moyenne deux à quatre mois *post-partum*.

En effet, leurs tâches et leur expertise sont peu ou pas transférables à une autre personne: médecin, dentiste, massothérapeute, coiffeuse, traductrice, conférencière, chercheure, chargée de projet, etc. Bref, tous les métiers et professions où la clientèle et l'équipe de travail sont fidèles à une personne grâce à ses connaissances, son professionnalisme, ainsi qu'aux liens interpersonnels tissés au fil des ans, base de toute relation professionnelle durable.

La femme qui choisit d'exercer un métier ou une profession comme travailleuse autonome ne doit pas s'attendre à jouir d'un long congé de maternité, même si elle en a les moyens financiers. Il est irréaliste de mettre de côté sa clientèle pour une période plus longue que les premiers mois de vie du bébé; c'est la nature même du travail autonome, c'est-à-dire être son propre patron.

Sophie Gauthier
avocate et maman de Justine

Parfois, la nouvelle mère a son bureau à la maison : elle évite ainsi un nombre important de déplacements à l'extérieur et, si c'est possible, elle peut faire garder son bébé à la maison par son conjoint, un membre de la famille ou une gardienne. Cela a l'avantage de lui permettre de continuer à allaiter facilement le bébé, si elle le désire.

Lorsque le conjoint bénéficie du congé parental

En 2000, au Canada, environ 3 % des pères ont demandé ou prévoyaient demander des prestations parentales rémunérées. En 2001, le chiffre était passé à 10 %. Ce taux place le Canada en tête de nombreux pays. Toutefois, il est loin derrière la Norvège, où près de 80 % des pères prennent un congé parental[3].

Le père est de plus en plus présent au quotidien avec le bébé, spécialement le nouveau-né. Le renforcement du lien d'attachement précoce entre le père et son enfant n'est plus à démontrer, de même que la compréhension par l'homme du quotidien avec un bébé ; il le vit, il comprend mieux sa conjointe. Lorsqu'il prend le congé parental et que sa conjointe est travailleuse autonome, cet arrangement est sécurisant pour toute la famille.

La femme dont le conjoint prend le congé parental a habituellement passé les trois premiers mois (ou l'équivalent de son congé de maternité) à la maison avec son bébé. Son retour au travail sera d'une part allégé par la certitude qu'elle laisse son bébé entre de bonnes mains et d'autre part parce que le conjoint pourra faire quelques tâches ménagères légères au courant de la journée. Mais même si elle reconnaît que le bébé recevra les meilleurs soins, la jeune maman aura tout de même tendance à se culpabiliser. Encore davantage si elle reçoit des commentaires négatifs de son entourage par rapport à son choix. La période du retour au travail requiert quelques semaines d'adaptation, et la maman verra sa confiance en elle

Au début, j'avais peur de ne pas y arriver avec deux enfants. Mais je suis habitué maintenant. Le travail ne me manque pas énormément pour l'instant. On a des places en milieu familial pour nos enfants, et ils iront plus tôt que prévu sinon on perd nos places. C'est dommage, j'aurais voulu passer plus de temps avec eux.

Benoît Cordeau
papa de Rémi et d'Éloïse, et qui a bénéficié du congé parental à la naissance des deux enfants, sa conjointe étant travailleuse autonome

croître au fil du temps, lorsqu'elle constatera que son bébé se porte fort bien, qu'elle est heureuse et que toute la famille y gagne.

Il y a fort à parier que son retour au boulot sera accompagné d'une immense fatigue, d'autant plus si le bébé se réveille la nuit (ce qui est majoritairement le cas) et si elle continue d'allaiter et de tirer son lait. De plus, la femme qui retourne tôt au travail n'aura pas l'opportunité de faire des siestes dans la journée afin de récupérer de ses nuits blanches. Elle aura donc tout intérêt à se ménager et à négocier, si possible, un horaire allégé pour quelque temps, autrement son rendement risque d'être proportionnel à son niveau d'énergie !

Rester à la maison

Perdre son emploi à la suite du congé parental

Malgré les lois visant à protéger les emplois durant le congé parental, il arrive que des femmes perdent leur emploi durant ou à la suite de cette période. Le plus souvent, cette situation se produit dans l'entreprise privée, dans des milieux non syndiqués. Parfois, il ne s'agit pas à proprement parler d'une perte d'emploi, mais la situation dans le milieu de travail change tellement durant l'absence de la nouvelle maman que cette dernière ne trouve plus sa place... et elle part d'elle-même en donnant sa démission.

Parfois, la nouvelle mère apprend durant son congé que son contrat ne sera pas renouvelé, ce qui l'oblige malgré elle à commencer des démarches de recherche d'emploi alors qu'elle souhaitait vivre ces moments précieux avec son enfant. Ceci peut être une expérience éprouvante ; perdre un emploi est rarement agréable. La nouvelle mère peut ressentir un sentiment d'injustice et d'impuissance. La femme doit alors, dans la plupart des cas, entreprendre un long (et épuisant) processus de recherche d'emploi : multi-

J'étais travailleuse de rue [intervenante] auprès de jeunes ados, le soir et la nuit (souvent sur appel) et j'ai travaillé dans une maison de jeunes avant la naissance de mes enfants. Ce genre de travail était incompatible avec une vie familiale.

Guylaine

ples envois de curriculum vitæ, attente d'appels, entrevues de sélection, attente de réponses… Puis, lorsqu'elle décroche le nouvel emploi, il y a l'adaptation à un nouveau milieu, le stress de la performance lors de la période d'essai de l'employeur… et voir si cet emploi lui convient. Elle peut avoir à retourner plus tôt que prévu au travail si elle obtient un poste qui lui plaît.

Parallèlement, la femme vit aussi l'adaptation de son enfant en garderie. Elle peut se demander si l'enfant devrait rester avec elle jusqu'à ce qu'elle trouve un emploi sérieux ou retarder l'entrée du bébé à la garderie encore un peu. La plupart du temps, elle choisit de laisser l'enfant à la garderie par crainte d'avoir à recommencer tout le processus de recherche de place en garderie : listes d'attente, innombrables coups de fils, visites des lieux, etc. La femme qui recommence à travailler ou qui cherche activement un nouvel emploi vit aussi plusieurs changements dans sa routine domestique, à laquelle elle s'était habituée durant son congé de maternité.

Rester à la maison par choix

De plus en plus de femmes choisissent de rester à la maison avec leurs enfants, et ce, malgré une carrière prometteuse ou des études poussées. Malheureusement pour elles, ce choix est aussi accompagné d'ostracisme : on considère encore la femme au foyer comme étant une personne « qui ne travaille pas ». Or, « il est inconcevable que la question de la maternité ou de la paternité à la maison soit, encore aujourd'hui, source de honte et de culpabilité. Depuis le XIXe siècle, on évalue qu'entre le tiers et les deux tiers du produit intérieur brut provient de l'activité menée en dehors de la sphère professionnelle. Pourtant, la reconnaissance de cet apport social indéniable est loin d'être assurée[4]. »

Donc, qu'est-ce qui motive le choix des femmes qui ne retournent pas sur le marché du travail après l'arrivée d'un enfant ? Rester à la maison est un choix qui se fait parfois

J'ai choisi de rester à la maison avec mes enfants. Je crois que les enfants gagnent au niveau de leur développement émotif et psychologique à être encadrés par un de leurs parents au moins jusqu'à l'âge de trois ans. Ces trois années sont essentielles non seulement au développement cognitif mais sur tous les plans. Ils apprennent à développer des liens serrés sur lesquels ils pourront s'appuyer au moment de rentrer à l'école, lesquels ils pourront tester à l'adolescence et imiter à l'âge adulte.

Ce que je trouve difficile de cette tâche, mis à part le fait de l'accomplir un peu seule, c'est parfois le manque de répit, de reconnaissance et de rétroaction. Je crois qu'il est difficile pour une femme scolarisée qui n'a pas eu la chance d'exercer suffisamment son métier de le mettre de côté pour élever ses enfants. Peu importe le niveau de scolarité, je crois qu'avoir des enfants et choisir de les élever soi-même nécessite avant tout une grande maturité. Mis à part les enfants élevés dans des milieux démunis et sous-stimulés, je crois que les enfants qui restent à la maison avec leurs parents s'en tirent mieux, peu importe le niveau de scolarité de la mère.

Marie-Hélène
enseignante en adaptation
scolaire

dès l'arrivée du premier enfant, mais plus souvent au deuxième ou au troisième bébé. Certaines le font en raison du fait que leur emploi se concilie difficilement à la vie de famille (travail de soir ou de nuit, alors que les garderies sont fermées, travail trop exigeant sur le plan des heures, etc.). D'autres femmes choisissent de rester à la maison pour élever leurs enfants en raison de leurs convictions personnelles.

Par contre, le choix de rester à la maison est bien souvent le privilège de femmes mieux nanties qui peuvent, dans la plupart des cas, compter sur le revenu du conjoint. Peu d'options s'offrent au couple ou à la mère monoparentale dont les revenus sont insuffisants pour élever ses enfants soi-même. Bien que le débat existe sur la place publique depuis des lustres, il n'existe pas encore de reconnaissance officielle de la contribution des mères à la maison – par exemple sous forme d'une rémunération substantielle ou de crédits d'impôts plus avantageux. Paradoxalement, il existe toutefois de nombreuses autres politiques censées inciter la femme à avoir plus d'enfants, car on sait bien que c'est ce qui détermine la vitalité économique d'une société.

En raison du peu de reconnaissance qui est associé à leur statut et du nombre d'heures qu'elles consacrent à cette activité, les mères à la maison peuvent, elles aussi, souffrir « d'épuisement professionnel »… sans avoir la possibilité d'obtenir un congé de maladie cependant. Les mamans à la maison devraient ainsi se garder du temps pour elles-mêmes, quelques heures par semaine, sans les enfants. Ce n'est pas un luxe, car les éduquer est un travail à temps plein, et l'on risque d'épuiser nos ressources si l'on ne prend pas de pauses (bien méritées!) en nombre suffisant. Par ailleurs, plusieurs organismes communautaires offrent des activités de jour pour les mères au foyer, où il est possible d'obtenir du ressourcement, des conseils, du soutien et de l'entraide, ainsi que des services de haltes-garderies. Renseignez-vous auprès du centre communautaire local ou du CSSS de votre région.

Il est temps de reconnaître que le métier de mère est en soi exténuant et qu'il mène beaucoup de femmes à l'épuisement[5].

Travailler de la maison

Les femmes qui ont envie d'être actives professionnellement tout en étant leur propre patron peuvent travailler de chez elles. Il s'agit d'une forme de conciliation travail-famille. En effet, les femmes qui choisissent de travailler à la maison apprécient la liberté dans la gestion de leur horaire de travail, le fait de ne pas avoir à subir les bouchons de circulation matin et soir, et une disponibilité plus grande pour leur famille. Elles peuvent très bien faire une brassée de lavage tandis qu'elles répondent à un appel ou règlent un dossier.

Travailler à la maison en présence des bébés ou des enfants est-il possible ? Encore une fois, c'est du cas par cas. Certains enfants sont très actifs et requièrent beaucoup d'attention et de surveillance de la part des parents, tandis que d'autres sont davantage «contemplatifs» et s'occupent seuls durant de longues périodes. Ces différences de caractère et de tempérament seront des éléments déterminants dans le choix d'une mère de garder son enfant pendant ses périodes de travail. Lorsque garder l'enfant *et* travailler à la maison est inconciliable, il est nécessaire qu'il passe quelques heures par jour (ou par semaine) à la garderie ou chez des proches.

Par contre, le fait que la femme choisisse de travailler à la maison peut amener certains problèmes au sein de la gestion familiale puisque les frontières entre son travail et la maison sont floues. Il est important de bien établir un horaire et d'avoir un espace délimité pour le travail à la maison. Bien sûr, le soutien et la compréhension du conjoint sont indispensables.

La formation continue

Choisir de rester à la maison ne signifie pas une coupure totale des activités professionnelles. La femme qui décide de ne pas retourner travailler à l'extérieur du foyer, par exemple jusqu'à l'entrée des enfants à la maternelle, peut mettre à profit cette période pour parfaire sa formation ou entreprendre de nouvelles études menant à d'autres défis professionnels.

Je voulais être plus près de mes enfants. Être disponible quand une des filles était malade. Ensuite, ne pas perdre une heure et demie par jour dans mon véhicule pour me rendre au travail. Avoir un horaire plus flexible, pouvoir travailler très tôt et avoir mes fins d'après-midi pour faire autre chose, et avoir le choix du genre de travail à faire – ne pas avoir un employeur qui décide pour moi.

Par contre, mon conjoint est porté à se fier sur moi pour aller reconduire ou reprendre la plus jeune à la garderie. Parfois, il devient difficile de faire une coupure entre le travail et la maison. Pendant la période estivale, l'aînée reste à la maison et ça devient plus difficile de me concentrer. Quand une de mes filles doit aller à un rendez-vous (médecin, optométriste, etc.), la tâche me revient plus souvent. Puis… je me sens plutôt obligée de commencer le souper avant que mon conjoint arrive !

Manon
consultante en informatique et
travailleuse autonome

Certains instituts et universités offrent la possibilité d'entreprendre des études par correspondance ou à temps partiel. Les centres d'emploi possèdent des programmes visant la réinsertion des femmes sur le marché du travail, certains de ces programmes combinent aussi de courtes sessions de mise à jour des acquis.

Retour sur le marché du travail après plusieurs années au foyer

La plupart des mères qui désirent retourner sur le marché du travail après avoir passé plusieurs années à la maison sentent qu'elles ont beaucoup donné à l'enfant mais qu'elles se sont oubliées comme personne. Retourner au travail, pour plusieurs femmes, c'est une façon de penser à elles.

Ces femmes ont parfois besoin d'une préparation avant de reprendre un travail, car elles ont perdu l'habitude d'interagir avec des adultes autres que ceux faisant partie de leur sphère familiale et amicale. Intégrer une équipe de travail et vivre en étroite collaboration avec des individus ne partageant pas toujours nos affinités est une adaptation certaine. Une mise à jour des compétences professionnelles est parfois nécessaire.

La femme au foyer développe pourtant des compétences qu'elle peut valoriser dans un travail à l'extérieur de la maison : les responsabilités familiales, l'administration du budget familial, l'organisation des activités, etc. C'est un mythe de croire que tout travail non rémunéré ne peut s'inscrire dans un curriculum vitae. Par exemple, une mère est invitée à écrire «éducatrice familiale» dans son curriculum vitae et à valoriser toute forme d'implication bénévole dans un organisme (comme le fait qu'elle siège au comité d'administration du CPE ou du conseil de gestion de l'école de ses enfants, son rôle à titre de marraine d'allaitement, etc.).

Petite histoire des politiques de natalité

Depuis l'Antiquité jusqu'à nos jours, des déesses de la fertilité ont été vénérées et les mères ont été célébrées. Toutefois, c'est vers la fin du XIXe et au début du XXe siècle que plusieurs pays occidentaux ont officialisé une journée spéciale pour les mères, toujours avec le but de souligner les familles nombreuses avec l'espoir de hausser le taux de natalité. Par exemple, l'officialisation de la fête des Mères aux États-Unis, en 1914, s'insérait dans une politique globale du gouvernement Roosevelt visant à promouvoir la « profession » de mère[6].

Dans la première moitié du XXe siècle, plusieurs pays possédaient des politiques de natalité qui encourageaient les femmes à avoir des enfants. Des pays comme la France, l'Italie ou l'Allemagne couronnaient les femmes ayant plusieurs enfants. Par exemple, après quatorze *bambini*, la *mamma* italienne obtenait une rencontre avec Mussolini. En Allemagne, une mère de plus de quatre enfants recevait une médaille et des allocations familiales. En France, l'on décernait la médaille de bronze aux mères de cinq enfants, l'argent à celles ayant huit enfants, l'or à celles ayant onze enfants, puis celles qui en avaient davantage obtenaient la médaille vermeille.

Au Canada, dès 1918, le gouvernement fédéral a créé une exonération fiscale pour enfants afin d'alléger le fardeau fiscal des contribuables. Puis, en 1945, on a vu apparaître les premières allocations familiales universelles pour les enfants de moins de seize ans. Pour sa part, ce n'est

→

Je suis retournée aux études à 45 ans à plein temps le jour (cégep) en même temps que les enfants étudiaient. J'ai étudié en administration, section secrétariat. J'ai dû auparavant me recycler afin d'obtenir mon certificat de secondaire 5, le soir, pendant tout un été. Après avoir obtenu mon diplôme du cégep, j'ai trouvé du travail immédiatement. Je suis présentement un cours qui mène à un certificat en Arts visuels.

Dora C.

Certaines femmes sont heureuses chez elles et préfèrent avoir leur entreprise à la maison ; que ce soit une garderie, des services de couture, des services informatiques, etc. Toutefois, être travailleuse autonome ne convient pas à tout le monde. Il faut savoir « se vendre » et comprendre qu'on base sa vie à la maison : vie familiale ET travail. Il faut bien peser le pour et le contre.

L'équipe du Coffre

qu'en 1967 que le Québec a commencé à distribuer des allocations familiales.

Pour l'instant, il n'existe pas à proprement parler de politique de natalité au Québec. On a aboli en 1997 la prime que l'on versait aux parents depuis 1988 pour chaque nouvelle naissance et l'on a plutôt instauré un système de garderie subventionné qui s'insère davantage dans le cadre d'une politique de conciliation travail-famille.

Laisser l'enfant à la garderie pour la première fois

L'entrée à la garderie est une période d'adaptation pour toute la famille. Il faut généralement quelques semaines pour s'ajuster à un nouveau rythme. On peut envisager la possibilité d'amener l'enfant à la garderie de façon progressive, quelques heures par jour, quelque temps avant le retour au travail, pour qu'il s'y habitue en douceur. À cet âge, à moins d'un an, le bébé n'a pas encore acquis la permanence des objets : si maman et papa ne sont pas là, l'enfant ressent un grand vide car, pour lui, ils *n'existent pas* durant leur absence. C'est donc une bonne idée de laisser un objet, une photo des parents à la garderie pour que bébé les voit durant la journée et garde un lien avec eux. Vers un an, les petits traversent généralement une phase «d'angoisse de séparation», et il est souvent plus difficile de les laisser : ils pleurent, s'accrochent à papa ou maman. Cette phase dure généralement quelques mois.

Lorsqu'ils sont encore poupons, âgés de quelques mois, les bébés s'aperçoivent de l'absence des parents. Ils réagissent à leur absence d'une autre façon que le bébé de neuf ou douze mois, mais ils le savent, le *sentent* au sens propre. Ceci peut se manifester par des pleurs, de la mauvaise humeur, etc. À cet âge, ils ne marchent ou ne rampent pas encore. Le bébé qui a des besoins intenses, qu'on qualifie de « difficile », pourrait mettre plus de temps à s'habituer.

Le bébé se développe rapidement au cours de sa première année de vie : du poupon de quelques mois qui ne se déplace pas par lui-même et dont la motricité n'est pas encore très développée, à celui de neuf ou onze mois qui rampe, voire qui marche, quel cheminement ! Au-delà de la première année, les différences sont tout aussi notables chez l'enfant : à 18, 24 ou 30 mois, il réagira différemment lors de l'entrée à la garderie. Les enfants de deux ou trois ans, qui fréquentent la garderie depuis leur première année, vivent aussi des périodes où ils boudent le milieu de garde, ne voulant que rester avec maman ou papa. Rien n'est jamais gagné pour les parents !

Des bébés de 3 à 18 mois se côtoient dans la pouponnière de cette garderie.

A-t-on vraiment le choix du milieu de garde alors que nous sommes sur tant de listes d'attente ?

Véronique

La plupart des parents s'inscrivent sur la liste d'attente des garderies dès qu'ils savent qu'ils attendent un enfant, parfois dès le premier mois. Certaines garderies ont des listes d'attente si longues qu'elles refusent les visites aux futurs et nouveaux parents ! Certains parents adoptent alors un mode de garde « mixte » avant l'entrée de l'enfant dans une garderie institutionnelle. Par exemple, l'enfant est gardé une journée par papa, deux jours par grand-maman, une journée par une « nounou » à la maison. Parfois, ce mode de garde se poursuit à l'entrée en garderie, et l'enfant demeure une ou deux journées par semaine avec un membre de la famille proche ou élargie.

Si l'on doit reprendre rapidement le travail et qu'on n'a encore rien trouvé, c'est-à-dire ni CPE, ni famille ou amis, on peut se tourner vers des services externes ou des nounous. Les centres communautaires ont parfois des listes de gardiennes adultes qui acceptent des bébés, quoique ce genre de service est très variable d'une région à une autre. Placer une annonce dans le journal local ou sur le babillard de l'épicerie de quartier s'avère parfois efficace. On fait ensuite passer des entrevues et après, pourquoi pas ? on demande à la future gardienne de passer quelques heures avec le bébé et on l'observe. Ce n'est pas être indiscrète, c'est une question de confiance.

Choisir un milieu de garde

Au Québec, on trouve des garderies en installation et des garderies en milieu familial, privées ou publiques dans les deux cas. Les coûts varient de 7 $ à 30 $ par jour. Il existe aussi des femmes qui ouvrent leur propre garderie à la maison sans être affiliées à un CPE (Centre de la petite enfance). Elles gèrent seules leur propre entreprise et émettent des reçus d'impôt ; les coûts quotidiens varient généralement entre 20 $ et 25 $ par jour. L'entrée en garderie se fait à des périodes fixes de l'année, sauf dans les garderies gérées de façon autonome, où les structures sont plus souples.

Un peu d'histoire...

C'est en 1858, dans les quartiers ouvriers de Montréal et dans les villes de Longueuil, Saint-Jean, Québec et Saint-Hyacinthe, que les premières garderies voient le jour. Créées par les Sœurs Grises, les garderies – appelées « salles d'asile » à l'époque – avaient pour mission d'aider les mères qui devaient se livrer à une activité rémunérée ainsi que soutenir les familles vivant des difficultés temporaires.

Durant la Deuxième Guerre mondiale, six garderies furent créées à Montréal afin de permettre aux mères de travailler dans les usines. Mais à la fin de la guerre, le gouvernement incita les femmes à retourner au foyer et les garderies publiques furent fermées.

Lise Payette, ministre à la Condition féminine en 1979, mit sur pied l'Office des services de garde à l'enfance. Depuis ce temps, le réseau des garderies a connu plusieurs transformations, dont la plus importante au milieu des années 1990 lorsque les garderies à 5 $ ont été implantées. Aujourd'hui, les garderies à contribution réduite dominent l'ensemble du réseau, qui comprend près de 195 000 places.

Quels critères sont importants pour l'enfant et ses parents dans le choix d'une garderie ? On recherche tout d'abord une garderie qui saura prendre soin des besoins de base de l'enfant, autrement dit : changements de couches fréquents, pleurs auxquels la gardienne ou l'éducatrice doit répondre rapidement, sommeil en quantité suffisante, alimentation adéquate, stimulation, sécurité et hygiène des lieux et, cela va de soi, beaucoup de chaleur humaine. Dans plusieurs garderies en installation, on y trouve une pouponnière. Les bébés peuvent fréquenter la pouponnière dès l'âge de trois mois. Le rapport bébés-éducatrice est nettement moins élevé (cinq bébés pour une éducatrice) et le local est habituellement configuré pour que les bébés puissent dormir ou manger à leur rythme, selon leur horaire.

Les enfants apprennent à parler en entendant parler, et c'est durant les deux premières années de vie que cette stimulation est la plus efficace. Les parents devraient donc s'assurer que leur enfant évolue dans un milieu linguistique riche, que la gardienne ou le personnel de la garderie participe au développement langagier de l'enfant et le stimule suffisamment dans ce sens.

Questions à poser pour évaluer un milieu de garde

Tout d'abord, il vous faudra vous poser vous-même quelques questions afin de déterminer quel genre de milieu de garde vous convient le mieux :

- Votre enfant a-t-il des besoins particuliers ? (DTAH, allergie, végétarisme)

- Préférez-vous le milieu familial ou une garderie en installation ? Si vous ne pouvez déterminer lequel des deux vous préférez, demandez à visiter l'un et l'autre afin de faire un choix éclairé.

- Préférez-vous que la garderie soit située près de la maison, du bureau ou de l'école ?

Ensuite, lors de la sélection ou du premier contact, vous pouvez poser les questions suivantes :

- Quelles sont les heures d'ouverture ?

- Quel âge ont les enfants qui fréquentent la garderie ?

- Combien d'enfants comporte un groupe ?

- Combien d'éducatrices se relaient pour s'occuper de chaque groupe ?

- Peut-on visiter les enfants pendant la journée ?

- Faut-il payer lorsque l'enfant est malade ou en vacances ?

- Y a-t-il une liste d'attente ? Si oui, quel est l'ordre de priorité (fratrie, secteur, enfants d'employés, enfants à besoins particuliers, etc.)

Déterminez ensuite une liste de priorités ou de valeurs que vous considérez importantes (par exemple : l'alimentation, les activités, les sorties, les groupes multiâges). Demandez à visiter la garderie et informez-vous par exemple :

- des activités et des jeux à l'intérieur et à l'extérieur ;

- des moments d'activité et des périodes de repos ;

- des menus (variété, produits frais, produits biologiques, sucreries, collations, fruits frais ou en boîte, etc.) ;

- des activités et sorties organisées pour les enfants (zoo, théâtre, cabane à sucre, magicien, etc.).

Lorsque mon fils a eu dix-huit mois, une garderie proche de la maison m'a informée qu'il y avait une place disponible pour lui – je l'avais inscrit sur la liste d'attente de cette installation alors que j'étais enceinte d'un mois ! Je me suis présentée sur les lieux à l'improviste avec Florent. J'ai pu faire une visite des lieux et j'ai posé plusieurs questions sur l'organisation de la journée, les activités, le goûter. Ce que j'y ai appris m'a déplu ; mes valeurs étaient bousculées. Florent allait déjà chez une gardienne en milieu familial deux jours par semaine depuis plusieurs mois ; il y était très heureux et je me sentais en confiance. Le lendemain, j'ai annulé l'inscription de mon fils à la garderie.

Des mamans disent fréquemment, en évoquant leurs recherches d'une gardienne ou d'une garderie, «Juste à parler au téléphone avec la dame, elle ne m'inspirait pas confiance, ce milieu ne ressemble pas au nôtre.» Ces impressions sont très subjectives... et très justes à la fois! Les parents doivent tenir compte de certains critères objectifs, comme ceux mentionnés ci-dessus, mais aussi écouter leur cœur. Notre enfant passera plusieurs heures par jour dans un milieu de garde: il est souhaitable que celui-ci ressemble, dans la mesure du possible, à ce que nous offrons déjà à notre enfant.

Parfois, c'est un membre de la famille élargie qui garde notre enfant: mère, belle-mère, sœur, belle-sœur. Cet arrangement est excellent lorsqu'on est tout à fait en confiance avec la personne. Par contre, si on s'inquiète à propos de certaines habitudes ou certains comportements qui vont à l'encontre de nos valeurs, il y a risque de conflits familiaux. Une maman me confiait redouter qu'un membre de sa belle-famille, qui devait garder son bébé de trois mois, ne trempe la suce du petit dans du miel en son absence... Cette situation est délicate: comment peut-on affirmer nos valeurs, par exemple face à notre belle-mère, sans l'offusquer et semer la discorde avec notre conjoint? Il est parfois plus facile d'exprimer clairement des exigences à un étranger qui garde notre enfant, et qu'on rémunère, plutôt qu'à un membre de notre famille.

La santé en milieu de garde

L'entrée du bébé en garderie suscite toujours des inquiétudes par rapport à sa santé. La fréquentation de plusieurs enfants et le partage des jouets favorisent aussi le partage... des microbes. On entend dire «C'est bon, il va s'immuniser.» S'agit-il d'un mythe ou de la réalité?

Le système immunitaire du bébé est encore immature et fragile durant les premières années de sa vie. Il est sujet à attraper des rhumes et des grippes facilement. Le plus grand risque chez le petit, c'est que ce rhume ou cette grippe se transforme en pneumonie. Lors de l'entrée en garderie, les parents devraient s'assurer que les règles d'hygiène de base sont respectées. Par exemple : le lavage des mains et l'utilisation de gants en vinyle lors des changements de couche, le lavage régulier des jouets. En guise de prévention, les parents et les autres frères et sœurs peuvent se faire vacciner contre la grippe. Le bébé de plus de six mois peut recevoir le vaccin antigrippal chaque année, c'est à discuter avec le pédiatre ou le médecin traitant. L'allaitement maternel protège aussi l'enfant contre les virus portés par la mère.

Notes

1. Afin d'enrichir la rédaction de ce chapitre, j'ai rencontré une équipe de conseillères en orientation chez COFFRE (le Centre d'Orientation et de Formation pour les Femmes en Recherche d'Emploi, situé à Saint-Hubert) : Anne-Marie Patenaude, conseillère en orientation et coordonnatrice du COFFRE, ainsi que ses collègues Katherine Loiselle, Stéphanie Dumas, Claudine Bélanger, et Stéphanie Massé, étudiante à la maîtrise et stagiaire. Au cours de cette table ronde, nous avons abordé plusieurs points en relation avec le retour au travail après le congé de maternité, le retour au travail après plusieurs années d'absence, le transfert des compétences acquises durant la période de maternage, et le travail autonome. Nos propos seront relatés sous forme de résumé tout au long de ce chapitre. Le lecteur retrouvera les propos des conseillères sous le terme L'ÉQUIPE DU COFFRE, puisque toutes intervenaient spontanément, à bâtons rompus, durant cette table ronde.

2. Commission des normes du travail, Québec. En ligne (consulté en février 2006) : www.cnt.gouv.qc.ca/fr/nouvelles_normes/conciliation.asp

3. Statistique Canada (2003). « L'avantage du congé parental », *Le Quotidien*. En ligne : www.statcan. ca/Daily/Francais/030321/q030321b.htm

4. Louise Vandelac, professeure titulaire au département de sociologie de l'Université du Québec à Montréal, citée dans « Profession maman : des témoignages qui en disent long ». En ligne (consulté en février 2006) : www.petitmonde.com/iDoc/Article.asp?id=17645

5. Francis Pancourt, cité dans « La fatigue d'être mère, un mal à combattre », *La Croix*, 13 avril 2005. En ligne (consulté en février 2006) : www.la-croix.com/parents-enfants/article/index.jsp?docId=2210554&rubId=25551

6. Shari L. Thurer. *The myths of motherhood, How Culture Reinvents the Good Mother*, Penguin Books, 1994, p. 234. Traduction de l'auteure.
7. Roberta Michnik Golinkoff et Kathy Hirsh-Pasek, *L'apprentissage de la parole. La magie et les mystères du langage pendant les trois premières années de la vie*. Trad. de l'américain : *How Babies Talk*, Montréal, Editions de l'Homme, 1999, p. 194 et 229.

Ressources

Allaitement

Ligue La Leche : www.allaitement.ca
Informations sur l'allaitement. On peut faire une demande de monitrice d'allaitement à partir du site ou par téléphone.

Nourri-Source : www.nourri-source.org
Informations sur l'allaitement. Répertoire des groupes locaux d'aide à l'allaitement pour toutes les régions du Québec. Jumelage avec des marraines d'allaitement.

Périnatalité

Co-naître : www.co-naitre.net
Informations sur l'accouchement, l'allaitement, la relation d'attachement bébé/parents.

Kangaroo Mother Care : www.kangaroomothercare.com
Port du bébé en contact étroit avec les parents. Bébés prématurés et nés à terme. Contact peau à peau.

The Natural Child Project : www.naturalchild.com
Sommeil partagé et allaitement.

Réseau québécois d'accompagnantes à la naissance :
1-866-naissance ou informations@naissance.ca

Alternative naissance : www.alternative-naissance.com
Une multitude de ressources pour le péri- et le postnatal.

Organismes à vocation spécifique

Société canadienne de pédiatrie : www.cps.ca/francais
Site d'information générale sur la santé des enfants. Les parents y trouveront de nombreuses réponses aux questions courantes sur le bien-être de leurs petits.

Ministère de la Famille, des Aînés et de la Condition féminine : www.mfacf.gouv.qc.ca

Fédération québécoise des organismes communautaires famille : www.fqocf.org
La fédération regroupe les principaux organismes famille (200) pour toutes les régions du Québec. Les organismes membres de la Fédération sont une porte d'entrée vers les activités parents-enfants et services offerts dans la communauté.

Repère : www.repere.org
Organisme pour les pères qui souhaitent améliorer leurs compétences parentales. L'organisme propose des ateliers et des rencontres thématiques pour hommes, en prénatal et en postnatal.

Préma-Québec : www.premaquebec.ca
Association québécoise pour les enfants prématurés.

Association de parents de jumeaux et de triplés de la région de Montréal inc. : www.apjtm.com

Fédérations des associations de familles monoparentales et recomposées du Québec : www.cam.org/fafmrq

Association des mères lesbiennes du Québec : www.aml-lma.org

Lignes d'écoute

Éducation Coup-de-fil : (514) 525-2573
Ligne d'écoute gratuite pour les parents d'enfants de 0 à 18 ans, pour toutes questions ou problématiques familiales. Intervenants professionnels au bout du fil. Ouvert de 9 h à 17 h du lundi au vendredi, et les mercredis et jeudis soir, de 18 h 30 à 21 h 30. Relâche durant la période des vacances estivales.

La ligne parents : (514) 288-5555 ou 1 800 361-5085
Ligne d'écoute gratuite pour les parents d'enfants de 0 à 18 ans, pour toutes questions ou problématiques familiales. Intervenants professionnels au bout du fil. Ouvert 24 heures par jour, toute l'année.

Remerciements

Un merci particulier…

À Richard Vézina et Vivianne Moreau, qui ont cru en ce projet dès la première ébauche.

Aux 47 femmes qui ont répondu au questionnaire anonyme sur la sexualité *post-partum*. Leur participation a permis d'ouvrir une porte sur la vie intime et sexuelle des femmes et des couples en postnatal.

À Xuan Robitaille et Maryvonne Griat, correctrices-réviseurs, pour la lecture du manuscrit.

À Jean Béland, auteur, animateur littéraire et membre fondateur de la Maison de l'Écriture, pour son soutien.

À tous ceux qui ont généreusement partagé leurs photos et leurs témoignages, notamment : Benoît Cordeau et Isabelle Dumouchel ; Nathalie Tremblay et Susie Mintzberg ; Martine Grenier et Stéphane Roy ; Marie-Hélène Lebeault ; Patricia Western ; Maryvonne Griat ; Nicole Beauregard ; Claire Audemard ; Joanne Tessier ; Elizabeth Gauthier ; Geneviève Malka ; Pierre Guillemette ; Chantal Plourde ; Nancy Hamel ; Ziad Rahayel ; Gérard Gaudette ; Julie Plamondon ; Manon Gagnon ; Guylaine ; Véronique Billette et Xavier Thibaud ; Ève Bérard ; Benoit Donnelly et Nancy Gemme ; Julie Provost ; Patrick Bertrand et Reiko Nakajima, Tara Carrière et Marc Léger ; Alison Waring et David Armstrong ; l'équipe de la Frimousse de Saint-Césaire, ainsi que plusieurs autres dont les noms ont été changés pour des raisons de confidentialité.

Aux personnes qui ont répondu à mes questions dans leur domaine d'expertise : Naznin Hébert, infirmière diplômée en lactation, IBCLC, CSSS Samuel-de-Champlain ; Diane Girard, infirmière et acupuncteure ; Louise Godin, infirmière bachelière ; Caroline Abram, M.A., sexologue clinicienne et psychothérapeute, membre de l'Association des sexologues du Québec ; D^{re} Clotilde Francis, vétérinaire ; Chantal Couture, organisatrice communautaire, CLSC Samuel-de-Champlain, bachelière en psycho-sociologie de la communication ; D^{re} Mélanie Béliveau, M.D., professeur d'enseignement clinique au département de médecine de famille de la Faculté de médecine de l'Université de Sherbrooke, UMF Estrie ; Gladys Quintal, directrice générale de la Maison de la Famille de Brossard ; Jocelyne Saint-Laurent, ostéopathe ; Lyne Massie, sexologue, emissère ;

Michel Gagné, psychothérapeute, Centre L.A.V.I.E. ; Marie-Claude Richer, coordonnatrice, Premier Pas/Home Start ; Lucien Therrien, Directeur général du groupe Repère, ainsi que son équipe d'intervenants ; Dominique Arama, agente de planification et programmation sociosanitaire du programme enfance-jeunesse, Régie régionale de la santé et des services sociaux Montérégie ; Marie-Louise Côté, organisatrice communautaire, CSSS Samuel-de-Champlain ; Annie Pinard, infirmière bachelière en périnatalité, CSSS Samuel-de-Champlain ; Mᵉ Sophie Gauthier, avocate ; Karine Voyer, sexologue, intervenante à l'Envol ; Anne-Marie Patenaude, c.o. conseillère en orientation au COFFRE (Centre d'orientation et de formation pour femmes en recherche d'emploi à Saint-Hubert) et son équipe (Katherine Loiselle, Stéphanie Dumas, Claudine Bélanger, ainsi que Stéphanie Massé, étudiante à la maîtrise et stagiaire) ; Mona Greenbaum, coordonnatrice, Association des mères lesbiennes du Québec ; France Nadeau, Service de comptabilité RS.

Index